सफ़िया अख़्तर

आपका जन्म रुदौली, उत्तर प्रदेश में हुआ।

आप उर्दू के प्रसिद्ध शायर मजाज़ की बहन थीं। 1943 में आपका विवाह अपने समय के मशहूर शायर जाँ निसार अख़्तर से हुआ। प्रसिद्ध लेखक, शायर, गीतकार जावेद अख़्तर और सलमान अख़्तर आपकी संतानें हैं। आप एक लोकप्रिय शिक्षक और प्रतिभाशाली रचनाकार थीं। आपने अपने पति को जो पत्र लिखे, उन्हें उर्दू साहित्य में एक ख़ास जगह मिली। आपने इस अहम काम को नौ साल की अवधि में अंजाम दिया, जिसे 'हर्फ़े-आश्ना' और 'ज़ेरे-लब' शीर्षक से प्रकाशित किया गया। हिन्दी में आपके पत्रों की पुस्तक 'तुम्हारे नाम' शीर्षक से प्रकाशित है जो बेहद लोकप्रिय पुस्तकों में से एक है। आपके निबन्धों का एक छोटा-सा संग्रह 'अन्दाज़-ए-नज़र' भी प्रकाशित है।

आपका निधन सन् 1953 में लखनऊ, उत्तर प्रदेश में हुआ।

लिप्यंतरण : असग़र वजाहत

जन्म : 5 जुलाई, 1946; फतेहपुर, उत्तर प्रदेश।

शिक्षा : हिन्दी में एम.ए., पीएच.डी.। जेएनयू, दिल्ली से पोस्ट डॉक्टोरल रिसर्च। 1971 से जामिया मिल्लिया इस्लामिया विश्वविद्यालय, दिल्ली के हिन्दी विभाग में अध्यापन। फ़िलहाल सेवानिवृत्त। पाँच वर्षों तक ओत्वोश लोरांड विश्वविद्यालय, बुडापेस्ट, हंगरी में अध्यापन।

पाँच कहानी-संगह, तीन उपन्यास, एक उपन्यास त्रयी, दो लघु उपन्यास, आठ नाटक, एक नुक्कड़ नाटक-संग्रह, चार यात्रा-संस्मरण और कई अन्य पुस्तकें प्रकाशित।

उपन्यास 'सात आसमान', नाटक 'जिस लाहौर नइ देख्या ओ जम्याइ नइ', नुक्कड़ नाटकों में 'सबसे सस्ता गोश्त', यात्रा-संस्मरण 'चलते तो अच्छा था' (ईरान यात्रा-वृत्तान्त) आदि अत्यन्त महत्त्वपूर्ण और लोकप्रिय हैं। कई पत्रिकाओं के अतिथि सम्पादक रहे। फ़िल्मों के लिए पटकथाएँ लिखने के अलावा धारावाहिक और डॉक्यूमेंटरी फ़िल्में भी बनाई हैं।

'कथा यूके सम्मान', हिन्दी अकादेमी, दिल्ली के 'शलाका सम्मान', 'स्पंदन कथा शिखर सम्मान' आदि कई पुरस्कारों से सम्मानित।

सम्पर्क : awajahat45@gmail.com

तुम्हारे नाम

जाँ निसार अख़्तर को सफ़िया अख़्तर के ख़त

सफ़िया अख़्तर

लिप्यंतरण
असग़र वजाहत

राजकमल पेपरबैक्स

राजकमल पेपरबैक्स में
पहला संस्करण : 2020

राजकमल पेपरबैक्स : उत्कृष्ट साहित्य के जनसुलभ संस्करण

राजकमल प्रकाशन प्रा. लि.
1-बी, नेताजी सुभाष मार्ग, दरियागंज
नई दिल्ली-110 002
द्वारा प्रकाशित

शाखाएँ : अशोक राजपथ, साइंस कॉलेज के सामने, पटना-800 006
पहली मंजिल, दरबारी बिल्डिंग, महात्मा गांधी मार्ग, इलाहाबाद-211 001
36 ए, शेक्सपियर सरणी, कोलकाता-700 017

वेबसाइट : www.rajkamalprakashan.com
ई-मेल : info@rajkamalprakashan.com

यश प्रिंटोग्राफिक्स
ग्रेटर नोएडा-201 310 (उत्तर प्रदेश)
द्वारा मुद्रित

मूल्य : ₹ 199

TUMHARE NAAM
A collection of Letters by Safia Akhtar
Transliteration by Asghar Vajahat

ISBN : 978-93-89598-63-6

तुम्हारे नाम

लखनऊ
1 अक्तूबर, 1943

अज़ीज़म अख़्तर साहब!

आपको ये अजनबी तहरीर देखकर हैरत होगी और वाक़्फ़ियत हासिल होने पर क्या अहसास पैदा हो इसका अन्दाज़ा नहीं लगाया जा सकता। बहरहाल फे'ल[1] अपनी जगह पर जसारतआमेज़[2] ज़रूर है, इससे मुझे ख़ुद इनकार नहीं गो कि अमली रौशनी में इसे बड़ी अहमियत हासिल न होनी चाहिए मगर रिवाज और रिवायात को शायद लरज़ा ही आ जाए मेरा ये इक़्दाम[3] देखकर। मगर क्या करूँ कि अक्सर अपने को वहाँ पाती हूँ "जहाँ पिघली हुई ज़ंजीर आइने-क़दामत[4] की।"

इस मुहमल तम्हीद[5] के उठाने का मक़सद ये है कि गुज़िश्ता[6] डेढ़ साल से आपकी जानिब से एक तहरीक[7] हुई। इस तहरीक पर मुझे तहय्युर[8] ज़रूर हुआ क्योंकि मुझे एहसास ही नहीं यक़ीन है कि मुझमें कोई ज़ाहिरी जाज़िबयत[9] या कशिश ऐसी नहीं जो लोगों को अपनी तरफ़ खींचे। यही ख़्वाहिशमन्दी[10] अगर थोड़ी-बहुत वाक़्फ़ियत के बाद आपकी तरफ़ से होती तो

---

1. काम, 2. हिम्मतवाला, 3. काम के इरादे से आगे बढ़ना, 4. रूढ़िवादिता, 5. निरर्थक भूमिका, 6. पिछले, 7. शुरुआत (शाब्दिक अर्थ आन्दोलन), 8. आश्चर्य, 9. आकर्षण, 10. इच्छा।

मुझे क़तई हैरत न होती क्योंकि मुझे अपनी फ़ितरत की तरफ़ से कभी-कभी इत्मीनान नसीब हो जाता है लेकिन अजीब बात थी कि इस अजनबियत के बावजूद मैंने आपकी इस तजवीज़[1] का ख़ैरमक़दम[2] किया। शायद इसलिए कि मुझे आपसे वाक़िफ़यत हासिल है। अश्आर[3] ही के जरिए सही। इस ख़्वाहिशमन्दी के बाद एक तवील[4] ख़ामोशी ने मुझे यक़ीन दिला दिया कि आपको जल्द ही अपनी ग़लती का एहसास हो गया और आपने दामन समेट लिया। लेकिन इस मर्तबा के 'उछाले' से फिर शुब्हा[5] पैदा हुआ। मैं पिछली बातों को तक़रीबन भूल गई और न मालूम किन जज़्बात के मातहत मैंने फिर इस तजवीज़ का ख़ैरमक़दम कर लिया।

इस दौरान में एक चीज़ और भी क़ाबिले-तवज्जोह[6] रही है, यानी मेरे और आपके हमदर्द कुछ ऐसे रहे हैं जिन्होंने इस वाक़्ए से ग़लत क़िस्म की दिलचस्पी ली और मुझे शुरू से अख़ीर तक मुख़्तलिफ़ क़िस्म की रिवायत सुना-सुनाकर बदगुमान करने की कोशिश भी की है। मैंने कोशिश यही की कि इन चीज़ों से मुतास्सिर[7] हुए बग़ैर ख़ुद ही किसी फ़ैसले पर पहुँच सकूँ। दूसरी जानिब मुझे इसका भी यक़ीन है कि मेरी तरफ़ से आपमें बदगुमानी पैदा करने की कोशिश की गई होगी। आपको इख़्तियार रहा कि जैसा असर चाहें क़ुबूल करें। इस ज़िमन[8] में मेरी ये ख़्वाहिश रही है कि अगर असरार भाई[9] सालिस[10] की हैसियत इख़्तियार करके दरम्यानी मुआमलात सँभाल सकें मगर उन्हें झिझक काफ़ी होने से या फिर ये कि आपको इस क़िस्म का ख़याल ही नहीं आता। नतीजा ये हुआ कि इसकी नौबत न आ सकी। इस मर्तबा सोलह-सतरह सितम्बर को अपनी दोस्त आमना मंज़ूर के यहाँ से वापसी पर असरार भाई से देहली में मुलाक़ात हुई। आपकी आमद की ख़बर सुनकर मैंने फिर इस ख़्वाहिश का इज़हार किया कि वो आपसे इस गुफ़्तगू को छेड़ें। मगर हस्बे-दस्तूर बात ख़ामोशी पर टल गई। ग़ौर औ' ख़ौज़ के बाद इस हिमाक़तखेज़ नतीजे पर पहुँची हूँ कि ख़ुद इतना बड़ा क़दम उठा रही हूँ जो शायद आप पर भी मेरी दिलेरी की तरफ़ से अच्छा नक़्श न क़ायम करे।

---

1. प्रस्ताव, 2. स्वागत, 3. शेरों, 4. लम्बी, 5. शक, 6. ध्यान देने योग्य, 7. प्रभावित, 8. सिलसिले, 9. असरारुल हक़ मजाज़, 10. बिचौलिए।

बहरकैफ़[1] मेरी नीयत साफ़ है। मेरी ख़्वाहिश है कि जिस दोस्ती में इस्तवारी[2] पैदा करने की ख़्वाहिश आपकी तरफ़ से हुई थी वो ग़लत क़िस्म की इत्तलाआत[3] और बदगुमानियों की बदौलत इस तरह ख़ब्त[4] न हो कि दोस्ती के भी इम्कानात[5] बाक़ी न रहें। मेरी मुसलसल ज़ेहेनी कोफ़्त का नतीजा इस तहरीर की सूरत में नुमूदार[6] हुआ है। आख़िरश औरत भी किसी क़िस्म की क़ुव्वते-एहसास और तमीज़ रखती है। इसे आप लोग अक्सर भूल जाते हैं। मुझे ये नहीं मालूम कि इस तहरीर को आप किस क़दर अहमियत देंगे। लेकिन कम-से-कम यह तवक़्क़ो[7] ज़रूर है कि बेजा रुसवाई न कीजिएगा। मैं चार अक्तूबर को अलीगढ़ चली जाऊँगी। आप जवाब देना चाहें तो वहीं के पते पर दीजिए।

नियाज़मन्द

सफ़िया

---

1. हर तरह से, 2. बराबरी, 3. सूचनाओं, 4. विकार, 5. सम्भावनाएँ, 6. ज़ाहिर, 7. अपेक्षा।

अलीगढ़
19 अक्तूबर, 1943

अज़ीज़म अख़्तर साहब,

तस्लीम, ख़त मिल गया। ताख़ीरे जवाब[1] के बावजूद मुझे मायूसी नहीं हुई थी। गो कि अजनबियत एक अजीब क़िस्म का ख़ौफ़ ज़रूर दरम्यान में हायल कर देती थी जिसकी बिना[2] पर बारहा[3] अपने को किसी जुर्म का मुर्तकिब[4] महसूस किया। बहरहाल आपके अन्दाज़े-बयान ने आपके नफ़्स[5] बयान पर सदाक़त[6] की मुहर कर दी है। इसी चीज़ ने मुझे सबसे ज़्यादा मुतास्सिर किया। मौजूदा मुआमलाते-ज़िन्दगी में अगर किसी फ़र्द[7] को अपनी फ़ितरत की तक्मील[8] के लिए सही के बजाय ग़लत राहें इख़्तियार करते हुए देखती हूँ तो फ़र्द को नहीं बल्कि उसके माहौल को कुसूरवार ठहराती हूँ। अब जबकि आपने वाक़्यात को सदाक़त की रोशनी में पेश करके उनसे मुतास्सिर होने और किसी फ़ैसले पर पहुँचने का मौक़ा दिया है तो फिर मेरे तास्सुरात का इज़हार भी इसी क़दर बेलाग और बेतकल्लुफ़ तरीक़े पर होना चाहिए।

---

1. देर से जवाब, 2. कारण, 3. बार-बार, 4. दोषी, 5. अन्तर्आत्मा, 6. सच्चाई, 7. आदमी, 8. पूर्णता।

अज़दवाज[1] के मुताल्लिक़ ख़्यालात ज़ाहिर है कि तसव्वुरात[2] की दुनिया ही से ताल्लुक़ रखते हैं। तजुर्बात का यहाँ पर दख़ल ही क्योंकर मुमकिन है। बहरहाल मैंने अपनी दूसरी हमजिंसों की तरह इस ज़िन्दगी की ख़ुश आइन्दा और सुहाने ख़्वाब कमउम्री से देखे हैं। उम्र के तक़ाज़ों से ख़्वाबों की रूमानियत में कमी हो गई मगर तलाफ़ी[3] 'क़द्रों'[4] की बलन्दी से हुई। शौहर का तसव्वुर अब मेरे लिए एक देवता का तसव्वुर नहीं एक दोस्त का तसव्वुर है। लेकिन एक ऐसे दोस्त का तसव्वुर जो मुझ से बहुत सी बातों में फ़ौक़ियत[5] रखता हो। ख़्यालात में, इरादों में, अमल में। और फिर इस फ़ौक़ियत को तस्लीम करने में मुझे एक अबदी सुकून[6] हासिल होता है। शायद ये जज़्बाए ताज़ीम[7] ही औरत की फ़ितरी[8] कमज़ोरी है जिससे मर्द हमेशा फ़ायदा उठाता रहा है। अपनी ज़ेहेनी पुख़्तगी के बावजूद मुझे अपनी ये निसाई[9] कमज़ोरी हसीन नज़र आती है। यही तसव्वुर था जिसने अब तक मुझे अपनी रूह के फ़रोख़्त[10] करने से बाज़[11] रखा। वर्ना शायद इस ज़िन्दगी के नरम-गरम सहने की नौबत आ चुकी होती। शौहर को दोस्त की जगह देने के बाद बाहमी[12] तवक़्क़ुआत[13] का सवाल पैदा होता है[14] वही होनी चाहिए जो एक दोस्त को दूसरे दोस्त से हो सकती हैं। मुझे शादीशुदा ज़िन्दगी का करयहतरीन[15] पहलू हमेशा पिछले वक़्तों में शौहरों का जौक़े-मिल्कियत[16] और मौजूदा तहजीब में बीवियों का शौहरों पर पहरा ही महसूस होता रहा है और अपने तसव्वुरात में मेरा तहिय्या[17] यही रहा है कि मुझे इस ग़ैरफितरी[18] कमीनगी से बालातर[19] होना चाहिए। अब तक मेरा तसव्वुरे-इंसानियत इतना महदूद[20] भी नहीं रहा है कि मैं तय कर लूँ कि एक मर्द की तख़्लीक[21] का मक़सद ही यह है कि वो अपनी शख़्सियत को अपनी बीवी की ज़िन्दगी में ग़र्क़ कर दे। इंसानियत का इतना कममाया[22] तसव्वुर इंसानियत की तौहीन है। शौहर और बीवी की दिलचस्पियाँ,

---

1. दाम्पत्य, 2. कल्पना, 3. पूर्ति, 4. मूल्यों, 5. श्रेष्ठता, 6. सदैव रहनेवाली शान्ति, 7. सम्मान भाव, 8. प्राकृतिक, 9. औरत की, 10. बेचने, 11. रोके, 12. आपसी, 13. उम्मीदों, 14. जो फ़िलहाल मेरी नज़र में, 15. घृणास्पद, 16. मालिकाना अभिरुचि, 17. निश्चय, 18. अप्राकृतिक, 19. ऊपर, 20. सीमित, 21. बनाने, 22. क्षुद्र।

वाबस्तगी, मशाग़िल बेशुमार और मुख़्तलिफ़अन्नोअ[1] हो सकते हैं और होने चाहिए, बशर्ते कि कोई वैसा रिश्ता क़ायम है जो दोनों को ज़िन्दगी के अक्सर लम्हात में एक-दूसरे का शरीकेकार बनाने का ज़ामिन[2] है। इससे ज़िन्दगी की मसर्रतों में कमी नहीं बल्कि इज़ाफ़े की उम्मीद हो सकती है।

ऐसे हालात में अगर आपकी गुज़िश्ता ज़िन्दगी एक दोस्त की नवाज़िशों[3] की बदौलत जीने के क़ाबिल बनी रही और आइन्दा भी उस दोस्ती से आपकी ज़िन्दगी में किसी कमी के पूरा होते रहने का इम्कान है तो शायद आपकी दोस्ती को क़ाबिले-कुबूल समझने के बाद आपके उस दोस्त की दोस्ती को कुबूल करने में मुझे मसर्रत[4] होगी। मैंने अपने को इन दो-तीन दिनों में बहुत कुछ टटोला और ग़ौर औ' ख़ौज़ के बाद इसी नतीजे पर पहुँच सकी कि अगर आपको मौसूफ़ा[5] के साथ इस क़दर पुरख़ुलूस ताल्लुक़ात रखने के बावजूद ज़िन्दगी में एक ख़ला[6] महसूस होता है जिसे पुर करने[7] के लिए आपने मेरी ज़रूरत हक़ीक़तन उसी शिद्दत और ख़ुलूस से महसूस की है जिसका इज़हार आपने किया है तो मैं उस ख़ला को पुर करने के लिए अपने को तैयार पाती हूँ। अगर आपकी ज़िन्दगी हर तरह से पुर होती तो इसका ऐन सुबूत ये होना चाहिए था कि आप उस ज़रूरत से बेनियाज़[8] होते। अगर ऐसा नहीं तो फिर मुझे ये यक़ीन करते हुए अपनी तज़लील[9] नज़र नहीं आती कि मेरी गुंजाइश आपकी ज़िन्दगी में है। लेकिन मेरी ख़्वाहिश ये ज़रूर है कि आप इस ख़्वाहिश की नोईयत[10] पर ग़ौर करें और किसी नतीजे पर पहुँचें। ये हम दोनों के लिए मुफ़ीद साबित होगा।

मैं अपनी तरफ़ से एक फ़ैसले पर पहुँच गई हूँ और अपने आपको साबित क़दम भी पाती हूँ बशर्ते कि आपकी ज़िन्दगी में मेरे इज़ाफ़े से मौसूफ़ा की ख़ुशियों में भी इज़ाफ़े का इम्कान[11] हो। अगर बेगम साहिबा मौसूफ़ा इस मुहब्बत की बिना पर, जो उन्हें आपकी ज़ात से है, ख़ुश आमदीद[12] कहने पर तैयार हैं तो मुझे एक ऐसे तशक्कुर[13] का एहसास होगा जिसके जवाब में उसी क़दर मुहब्बत की कोशिश करूँगी जिस क़दर उनके दोस्त

---

1. विभिन्न, 2. ज़मानत लेनेवाला, 3. कृपा, 4. प्रसन्नता, 5. सन्दर्भ—जाँ निसार अख़्तर की दोस्त, 6. ख़ालीपन, 7. भरने, 8. बेपरवाह, 9. बेइज़्ज़ती, 10. प्रकार, 11. सम्भावना, 12. स्वागत, 13. आभार।

को उनसे है और मुआवज़े[1] में उनसे उसी क़दर मुहब्बत की तवक़्क़ो[2] करूँगी जितनी उन्हें अपने दोस्त से है।

रहा अमली ज़िन्दगी का सवाल सो ये कहना काफ़ी होगा कि तीन साल से मुझे मज़दूरी की आदत पड़ चुकी है और इस मेहनत से मुझे अपने में एक क़ुव्वत का एहसास होता है। मैं उस वक़्त तक अपने को इस मेहनत के लिए आमादा पाती हूँ जब तक कि मेरी खानगी[3] ज़िन्दगी की मसर्रतें[4] इसके सबब ख़तरे में न पड़ जाएँ। ऐसी सूरत में जबकि मेरी और आपकी भी, ग़ालिबन, मआशरत[5] काफ़ी मोडेस्ट क़िस्म की है। माली[6] मुश्किलात में कशमकश का इम्कान कम है। मेरी और मेरे कुनबे की मआशरत निहायत सादी है। मुझे इस ज़िन्दगी में तस्कीन नज़र आती है। मेरी ज़रूरियात[7] महदूद[8] और मुख़्तसर[9] हैं। ऐसे हालात में मैं किसी पर बार[10] भी नहीं बनूँगी।

आपने मुझे ऐसे लहजे में जज़्बात की हलाकत आगीनी[11] से हज़र[12] की तल्क़ीन[13] की है जिसमें मुझे असरार भाई का अन्दाज़ नज़र आया। ये सब कुछ दुरुस्त। मुझे सतही तौर पर जाननेवाले मुझे मसलहतअन्देश[14] बताते हैं मगर वाक़्या ये है कि जब कभी मेरी ज़िन्दगी मोड़ पर होती है, रहबरी[15] अक़्ल ने नहीं की, जज़्बात ही ने की है। जज़्बात हसीन भी हो सकते हैं, करयाह[16] भी। मगर जज़्बात की अज़मत मुझे तस्लीम है।

ख़त का जवाब मैंने इस अन्दाज़ में दिया है जैसे एक इंसान को दूसरे इंसान से गुफ़्तगू का हक़ है। अगर कोई चीज़ नाख़ुशगवार महसूस हो तो मेरी सादगी पर महमूल[17] कीजिएगा।

असरार भाई मयअलख़ैर[18] हैं। जज़्बी हाल ही में आए थे। आपका तज़किरा करते रहे। सलमा यहीं है और ख़ुश है।

नियाज़मन्द

सफ़िया

---

1. बदले, 2. अपेक्षा, 3. घरेलू, 4. ख़ुशियाँ, 5. सामाजिक परिवेश, 6. आर्थिक, 7. आवश्यकताएँ, 8. सीमित, 9. अल्प, 10. बोझ, 11. भावनाओं को दबाने, 12. परहेज़, 13. उपदेश, 14. अवसर के अनुसार काम करनेवाला, 15. मार्गदर्शन, 16. घृणित, 17. कल्पना, 18. सकुशल।

मुस्लिम गर्ल्स कालिज
अलीगढ़
13 जनवरी, 1944

अज़ीज़ अख़्तर!

ख़ुश रहो, मुस्कुराते रहो

ख़ैरियत लिखूँ? या ये कह दूँ कि 'इल्म भी है, अमल भी है, ग़म भी।' बहरकैफ़ ज़िन्दगी को राह पर लाने की कोशिश में इन्तिशार[1] ज़रूरी है। इसलिए ये कहना बेजा न होगा कि इस तरफ़ ख़ैरियत है और चम्बल के उस पार की ख़ैरियत मालूम करने की बेचैनी। न मालूम जज़्बात के किस दौर से गुज़र रहे हो? ज़िन्दगी कितनी सूनी है और कितनी आबाद। यहाँ अगर तुम्हारी अदममौजूदगी[2] से एक भयानक वीरानी का एहसास है तो साथ-ही-साथ तुम्हारे तसव्वुर ने दिल के निगारख़ाने[3] का गोशा-गोशा[4] जगमगा रखा है। ये एहसास भी मेरे लिए अजीब नुदरत[5] रखता है। फिर ये दो दिन मुसलसल इसी भुलावे में गुज़रे हैं कि मिलूँगी और बहुत जल्द मिलूँगी।

कल से मौसम बड़ा पुरकैफ़ हो गया है। आसमान पर अब्र[6] मँडला रहा है और हल्की-हल्की गड़गड़ाहट भी हो जाती है। वक़्त के गुज़रने का

1. बिखराव, 2. अनुपस्थिति, 3. शीशाघर, 4. कोना-कोना, 5. नयापन, 6. बादल।

एहसास मद्धम सा हो गया है। ये और भी तकलीफ़देह पहलू है। यहाँ जी चाहता है कि हर दिन दो तारीख़ें निकल जाया करें।

दिन-भर कालिज की लड़कियाँ और उस्तानियाँ हल्ला बोलती रहती हैं और इस तवक़्क़ोआमेज़[1] निगाह से मुझे देखती हैं गोया मुझमें कुछ मोती टके नज़र आ ही जाएँगे। फिर मेरी लापरवाही और बदपोशाकी को नज़रअन्दाज़ करते हुए ये ज़रूर कह देती हैं कि 'फ्रेश' हो गई हो। गो ये भी ग़लत होता है क्योंकि सितमज़रीफ़ी ये कि 'ताज़ा' के बजाय 'बासी' हो चुकी हूँ! गवाही देने पर तैयार होगे या नहीं।

इस वक़्त सलमा[2] और सईदा[3] किरामन कातबीन[4] बनी हुई मेरे दाएँ-बाएँ बैठी हुई हैं। फ़र्क सिर्फ़ इतना है कि वो लिखते हैं और ये पढ़ रही हैं। अलबत्ता बीच-बीच में इशारों कनायों से मुझे अपनी तरफ़ मोह लेती हैं और फिर ये ख़त तन्हा रह जाता है।

तुम ख़त कब लिखोगे? लिख चुके हो? मुशायरा कैसा गुज़रा? परसों यहाँ भी कुछ अज़क़िस्म मुशायरा[5] होनेवाला है। शायद असरार भाई आएँ। अगर न आए तो किसी मोहलत में चन्द घंटों के लिए मिलने जाऊँगी। क्या है मर्ज़ी सरकार की?

अब तक ख़त न लिखा हो तो अब लिखो और बताओ कि कैसे रहते हो और क्या करते हो? हर लहज़ा[6] तुम्हारा ख़्याल आता है और अपनी तरफ़ से ज़िन्दगी की किसी अहम या ग़ैरअहम मसरूफ़ियत के सिलसिले में आता है। मालूम नहीं कि अपने अन्दाज़े में कहाँ तक दुरुस्त होती हूँ और किस क़दर ग़लत।

कालिज की मसरूफ़ियत आज से शुरू होगी। बीस तक शशमाही[7] इम्तेहानात और उसके बाद क्रिटिसिज़्म के अस्बाक़[8] हैं। अपना प्रोग्राम तुम्हारी मर्ज़ी से बनाऊँगी। बसन्त की छुट्टियाँ कब होंगी? बिजनौर जाओगे या नहीं? मेरी सलाह की ज़रूरत महसूस करो तो तकल्लुफ़ न करना। दोस्ती का रिश्ता हमेशा मज़बूततर होना चाहिए। यही मेरी ख़्वाहिश है।

---

1. आशा-भरी, 2. बेगम शम्मुलहक़ हक़्क़ी, 3. अय्यूब, 4. किरामन कातबीन : वो दो फ़रिश्ते जो मनुष्य के कर्मों का हिसाब-किताब रखते हैं, 5. मुशायरे जैसा कुछ, 6. क्षण, 7. छमाही, 8. पाठ।

कब मिलेंगे हम लोग? सच, लिखो।

तस्वीरों की फर्माइश ज़रूर पूरी करूँगी। गोकि उनसे तुम्हारे मज़ाक़े-लतीफ़[1] को सदमा[2] पहुँचने के इम्कानात[3] ज़्यादा हैं। बहरहाल मेरा क़ुसूर नहीं, तुम्हारे नज़रे-इन्तिख़ाब[4] का है। लिहाज़ा ग़ुस्सा करो तो उसी पर करना।

सिगरेट को मेरी रक़ाबत[5] पर मुबारकबाद कहना। बताओ कि ज़िन्दगी के किन-किन लम्हों में मेरे बजाय वो तुम्हारी साथी बनी रहती है? इस कमबख़्त ने हमारी खिलवतों[6] ही में कब साथ छोड़ा। ज़िन्दगी का दस्तूर क्या है? मेरा कमरा क्या कहता है? सबको प्यार। घर को भी और उसकी मुब्हम[7] गलियों को भी।

तुम्हारी

सफ़्फ़ो

---

1. अभिरुचि, 2. दुख, 3. सम्भावनाएँ, 4. चुनाव दृष्टि, 5. सौतापे, 6. तन्हाइयों, 7. अस्पष्ट।

मुस्लिम गर्ल्स कालिज
अलीगढ़
17 जनवरी, 1944

अज़ीज़ अख़्तर!

तुम्हारी बेतवज्जही मेरे लिए इस क़दर परेशानी का बाइस[1] बन सकती है, इसका अन्दाज़ा अब से क़ब्ल[2] क्योंकर मुमकिन था? आज तुम्हें सिधारे हुए एक हफ़्ता हो गया और मुझे ये भी नहीं मालूम कि तुम साथ ख़ैरियत के पहुँच गए हो।

यहाँ जुमेरात तक लड़कियों के शशमाही[3] इम्तेहानात और हैं। इतवार से क्रिटिसिज़्म लेसन शुरू हैं। मगर दिमाग़ ही दुरुस्त न रहा तो ये काम क्योंकर हो सकेगा? अगर कल सुब्ह भी तुम्हारा ख़त न आया तो मुलाज़मत[4] चाहे ख़तरे ही में क्यों न पड़ जाए चल पड़ूँगी, फिर देखा जाएगा।

हमीदा वग़ैरा से क्या कहूँ कि तुमने मुझे इस तरह भुला दिया।

प्यार लो।

तुम्हारी अपनी
सफ़िया

1. कारण, 2. पहले, 3. छमाही, 4. नौकरी।

मुस्लिम गर्ल्स कालिज
अलीगढ़
25 जनवरी, 1944

मेरे अपने अख़्तर!

ख़ुदा करे तुम ख़ुश औ' ख़ुर्रम हो।

मैं तुमसे रुख़सत होकर बख़ैरियत पहुँच गई। अलीगढ़ में शदीद बारिश और उसी क़दर अँधेरा था। या यूँ समझ लो अँधेरा-ही-अँधेरा था। कल तमाम दिन बारिश की झड़ी लगी रही। यहाँ तक कि ख़त के ज़रिए कालिजवालों को अपनी मौजूदगी की इत्तला दी और ख़ुद न जा सकी। आज मौसम बहुत ही ख़ुनुक[1] हो गया है। जिस्म का जोड़-जोड़ कँपकँपाहट से हिल रहा है। गर्मी आए तो कहाँ से? सोज़े-फ़ुरक़त[2] की क़ायल ही नहीं इसलिए इस अलेहदगी को फ़ुरक़त कह ही नहीं सकती। बहरहाल ख़ुश हूँ, रफ़ीक़ों में हूँ। मगर सच जानो कि इस अंजुमनआराई[3] में भी पसे-पर्दा[4] तुम्हारी ही जल्वागरी है, वर्ना शायद ये महफ़िल भी बेरंग नज़र आती।

तुम कैसे हो? जी चाहता है कि तुम्हारे मुताल्लिक़ हर तफ़्सील मालूम होती रहती। गो कि ज़ेहन हर वक़्त तुम्हें किसी-न-किसी मसरूफ़ियत ही में सामने ला खड़ा करता है। मगर इस कमबख़्त के सच्चे होने का यक़ीन भी तो नहीं! अक्सर फ़रेब खाए हैं इसके हाथों!! इस मर्तबा कुछ यक़ीन सा है

---

1. ठंडा, 2. वियोग की जलन, 3. महफ़िल सजाने, 4. पर्दे के पीछे।

कि तुम ख़ुश होगे। आज़र्दगी[1] और अफ़्सुर्दगी[2] की ज़ाहिर वजह तो कभी नहीं होती। मगर अबकी तुम्हारी तबीयत में कुछ इंकलाबी जज़्बा करवटें लेते हुए महसूस हुआ। ख़ुदा करे मेरा अक़ीदा[3] सच्चा साबित हो।

अब रात के दस बज रहे हैं। दिन बड़ा घिरा हुआ कटा। सुब्ह ही कालिज का चक्कर लगाया। वहाँ से वापसी पर आमना बट के यहाँ इज़हारे-तशक्कुर[4] के लिए जाना ज़रूरी था। उन्हीं ने इस अर्से में मेरी क़ायम मुक़ामी[5] की थी। वहाँ से वापसी पर बी.टी. की लड़कियों से दो घंटे झक मारी। इतने में तुम्हारी अज़ीज़ दोस्त सलमा सुल्तानी आ गईं। तुमसे मुंसलिक[6] होने के बाद ये पहली मुलाक़ात हुई। दिलचस्पी का इज़हार करती रहीं। मुझसे कम, तुमसे ज़्यादा। उन्हें नवाज़ा। फिर बिल्ली महमूद साहिबा बुख़ार में मुब्तला हैं उनकी अयादत को पहुँची। वहाँ से सईदा के यहाँ वापस हुई। उसने रात के खाने पर बुलाया था। ज़िक्रे-हबीब[7] हर जगह ही रहा। मुझे देखकर तुम्हें सब ही याद करते हैं। मुमकिन है ऐसा हो कि जमाले-हमनशीं[8] कुछ झलकता नज़र आता हो। अब एक घंटा गुज़रा कमरे पर आई हूँ। सलमा कल पढ़ाई के लिए 'मुसल्लह'[9] हो रही है। लैम्प हम दोनों की महरूमियों पर शोला बदामाँ[10] है। क़रीब ही घड़ी अपनी खट-खट के बावजूद कुछ करती नज़र नहीं आती। रात अँधेरी है और ख़ामोश। बिस्तर बहुत ही ग़ैरहमदर्दाना निगाहों से घूरता हुआ महसूस हो रहा है। मगर मुझे इत्मीनान है कि मैं इसकी बेदर्दी के मुक़ाबले के लिए तन्हा नहीं हूँ, तुम भी मेरे साथ हो, क्यों?

बाज़ लम्हे ऐसे वीरान महसूस होते हैं, बस जी चाहता है कि उड़कर तुम तक पहुँच जाऊँ। मगर सच तो ये है कि मेरी तन्हाई का दौर ही ख़त्म हो गया है। अब तुम नहीं तो तुम्हारा तसव्वुर ही मेरे पास होता है। जो तुम्हारे ही जैसा मासूम, शीरीं और तुम्हारे ही जैसा दिलनवाज़ है। तुम्हारी फ़ितरत की मुलायमियत और गर्मी ने मेरे रगो-पै में एक नई रू[11] पैदा कर

---

1. खिन्नता, 2. उदासीनता, 3. विश्वास, 4. शुक्रिया अदा करने, 5. कार्यकारी, 6. जुड़ने, 7. प्रेमी का ज़िक्र, 8. दोस्त की ख़ूबसूरती, 9. तैयार, 10. शोला बदामाँ—शाब्दिक अर्थ है शोले भड़कना। लेकिन इस स्थान पर लैम्प के ख़राब हो जाने पर उसके भड़कने की ओर संकेत है, 11. ऊर्जा।

दी है। मैं कैसे कहूँ कि तुम दूर हो, जब मैं तुम्हारे वजूद को अपने ख़ून के एक-एक क़तरे में महसूस करती हूँ। तुम मेरी शख़्सियत का जुज़[1] बनकर भी अगर मुझसे जुदा हो सकते हो तो ये कहना दुरुस्त हो सकता है कि तुम दूर हो, वर्ना नहीं।

ख़ैर, ये तो थीं वो बातें जो अबसे पेशतर हव्वा और आदम की औलाद ने अनगिनत बार दोहराई होंगी। मगर जब वो नई तरह महसूस की जाएँ तो महसूस करनेवाले के लिए वो नई ही होती हैं और इस बदमज़ाक़ी के लिए मेरी तरफ़ से सिर्फ़ यही माज़िरत[2] है।

मेरी मसरूफ़ियत बाज़ाब्ता तौर पर छह फ़रवरी तक रहेगी फिर फ़ुर्सत होगी। गोकि अख़ीर माह में लड़कियों के इम्तेहानात रह जाएँगे। तुम अपने प्रोग्राम से आगाह करो, कब आओगे? अब तुम्हारी बारी है। मेरे बार-बार के आने को दुनिया क्या कहेगी? आख़िर मन की मौज जग की लाज दोनों ही को तो निभाना होगा।

लखनऊ ख़त लिख दिया या नहीं? वहाँ इन्तिज़ार होगा। असरार भाई इस मर्तबा तुमसे मिलकर किस दर्जा मसरूर थे। इस ख़ुशी की ख़ुशी तुमसे ज़्यादा मुझे है।

जी चाहता है कि कुछ देर और तुम्हें अपनी फ़ुज़ूलगोई[3] से बहलाती रहूँ मगर फिर इसका डर है कि तुम कह न उठो, 'मुझे दिमाग़ नहीं ख़न्दा हाय बेजा का'।[4] बहरकैफ़ अब चुप होती हूँ अपनी मर्ज़ी के ख़िलाफ़, इस लिहाज़ से भी कि तुम जवाब में इसका आधा भी न लिखोगे।

काम की बात : ख़ुदा के लिए अपनी तन्दुरुस्ती का ख़ास ख़्याल रखो। खाने की तरफ़ से जो बेतवज्जही का आलम है वो बहुत ग़ैरइत्मीनानबख़्श है। तुम्हारे कपड़े इंशाअल्लाह कल ख़रीदूँगी और सिलवाऊँगी, बेफ़िक्र रहो। बहुत से प्यार लो और इतनी ही दुआएँ मगर तुम्हें दुआएँ देना अपने ही को देना है। इसलिए सिर्फ़ प्यार।

तुम्हारी

सफ़िया

---

1. टुकड़ा, 2. विवशता, 3. बेकार की बातों, 4. भावार्थ यह है कि मुझे बेकार की बातों में दिलचस्पी नहीं है।

मुस्लिम गर्ल्स कालिज
अलीगढ़
28 जनवरी, 1944

अज़ीज़ अख़्तर!

सलाम, दुआ, प्यार,

कल ख़त लिख चुकी हूँ, पहुँचा होगा। आज छुट्टी का दिन था। मेरी छुट्टी तो हर दिन ही रहती है, आज आम छुट्टी थी। इतना वक़्त बड़ी मसरूफ़ियत में गुज़रा। घर की झाड़-पोंछ, फिर अपनी भी। नतीजे के तौर पर बहुत काफ़ी थककर बिस्तर में पड़ गई हूँ। सलमा पास ही लेटी हुई हैं। मैं रज़ाई से ज़रा उभरकर ये सतरें[1] लिख रही हूँ। तीन बज रहे हैं। पाँच बजे डाक जाती है।

कल से मेरे काम का चक्कर शुरू हो जाएगा जो निहायत वज़े'दारी[2] के साथ छह फ़रवरी तक चलेगा। यानी अगर तुम दो फ़रवरी को पहुँचे तो सफ़िया को 'लेडी सुपरवाइज़र' ही के रोल में पाओगे। ये और बात है कि वो तुम्हें देखते ही फिर सफ़्फ़ो के सिवा कुछ न रहे!! हाँ, सच बताओ बिजनौर जा भी रहे हो या नहीं। मैं अभी से चश्मेबराह हूँ। अगर जाना बहुत कुल्फ़तआमेज़[3]

---

1. पंक्तियाँ, 2. सलीक़े, 3. दुखदायी।

हो रहा हो तो पैसों के ख़्याल से हरगिज़ मत जाओ। पैसे वापस कर दिए जाएँगे। अपनी छुट्टी मेरे पास आने के लिए इस्तेमाल करना। अगर शायरों को बेतनख़्वाह की छुट्टियों से फ़ायदा उठाने का हक़ है तो ये इकलौती छुट्टी जिसके लेने से किसी क़िस्म के नुक़सान का अन्देशा भी नहीं बेचारी सफ़्फ़ो के हिस्से में आ जाए तो कमबख़्त 'मीना'[1] के अलावा किसी को ग़म न होगा।

अच्छा तो कब आओगे मेरे परदेसी। तुम तो अपने देस ही में हो मगर फिर भी मेरे लिए परदेसी हो, क्या करूँ?

हमीदा तुम्हें बहुत याद करती है और फ़िलहाल इसके लिए मुआफ़ नहीं कर सकी है कि तुमने उसकी सफ़िया को अपना बना लिया है।

सलमा तुम्हें सलाम कह रही हैं और मिज़ाजपुर्सी कर रही हैं।

ख़त लिखो, प्यारा सा।

तुम्हारी
सफ़िया

---

1. शराब।

मुस्लिम गर्ल्स कालिज
अलीगढ़
3 फ़रवरी, 1944

अज़ीज़म अख़्तर!

कोई चार मिनट ख़र्च कर दिए ये तय करने में कि तुम्हें अल्काब क्या लिखूँ। सलमा का मशविरा है कि 'सरताजे मन सलामत' पर ही टाल दिया जाए, मगर मेरे लिए ये क़तई नाकाफ़ी है। चुनांचे वही फ़ारसी तराकीब के पर्दे में पनाह ढूँढ़ी, गो कि अब कोई पर्दा दरम्यान में बाक़ी नहीं।

तुम्हारा ख़त आज शाम में मिला गो कि तवक़्क़ो कम थी। ख़्याल था कि दो का लिखा हुआ ख़त चौथी को पहुँच सकेगा। मैंने तुम्हें ख़त नहीं लिखा। मुझे अपनी कमीनगी का पूरा एहसास है। तुम्हारे यहाँ से कतरा कर गुज़र जाने पर बहुत कुछ उबली खौली। बड़े-बड़े इन्तिज़ार थे। ट्रेनिंग कालिज की दावत तुम्हारे आने पर मुल्तवी[1] थी। तुम्हारा मुआहिदा था कि बिजनौर से लौटकर मेरे पास आओगे फिर इकलौती छुट्टी को अपनी जायदाद बिला शिरकते ग़ैरे[2] समझे बैठी थी, चुनांचे मायूसी हुई और बहुत। ये ख़त महज़ इसलिए लिख रही हूँ कि तुम फिर आ सको तो तुम्हें कोई ख़त भी न

1. स्थगित, 2. ऐसी जायदाद जिसमें किसी और का हिस्सा न हो।

मिलेगा और कोफ़्त[1] पर कोफ़्त होगी। मैं बहरहाल ख़ुश हूँ और उल्टे-सीधे मशाग़िल[2] में मसरूफ़, साथ-ही-साथ तुम्हारी याद में ग़र्क़[3]।

अभी की बात सुनो। दस बज रहे हैं रात के। खाना खाने के बाद मैं और सलमा, सईदा को उसके घर पहुँचाने गए थे। पुरकैफ़[4] चाँदनी में दरख़्तों के साये अजीब फ़िज़ा पैदा कर रहे थे। दिलोदिमाग़ पर नशा सा छाने लगा। साथ ही अन्देशा हुआ कि कोई चुपचाप पीछे न आ रहा हो, चुनांचे अपने ही क़दमों की आवाज़ पर गुमान होने लगा कि कोई है, लिहाज़ा रफ़्तार तेज़ की। दोनों डरते-सहमते और तेज़ से तेज़तर होते हुए अपनी मंज़िल पर वापस पहुँचे। मुड़कर देखा तो महज़ वहम था। ये है ख़्वातीने-मश्रिक[5] की बहादुरी का आलम!

तुम अगर नहीं आ सके तो ग़म न करो। सफ़िया तुम्हारी है। जिस वक़्त चाहे बुला लो और जब चाहे मिल लो, घबराहट काहे की। फ़िलहाल उसका आना यूँ न हो सकेगा कि बी.टी. की लड़कियों के सालाना इम्तेहान की तैयारी ज़रूरी है। तुम अगले हफ़्ते आ जाओ अगर अब नहीं आ सके हो तो।

अच्छा प्यार लो।

तुम्हारी
सफ़िया

---

1. तकलीफ़, 2. कार्यों, 3. डूबी हुई, 4. आनन्ददायी, 5. पूरब की औरत।

मुस्लिम गर्ल्स कालिज
अलीगढ़
8 फ़रवरी, 1944

अज़ीज़ अख़्तर!

कहो ख़ैरियत से पहुँच गए? कल उस वक़्त तक तबीयत बहुत बेचैन रही जब तक ये ख़्याल रहा कि सफ़र में हो। घर पहुँच जाने के ख़्याल से सुकून सा है। अपनी जगह हो, अपने लोगों में हो फिर भी अपने दिल में जो रह-रहकर वीरानी सी महसूस करती हूँ उसका इलाज समझ में नहीं आता। कल तो तुम्हारे बाद तन्हा कमरे में ठहरते हुए वहशत हुई। कमरे की हर शै से तुम्हारी याद ताज़ा होने के इम्कानात[1] थे जिनसे बचने ही में निजात[2] थी। ख़ैर यूँ भी होता है कभी-कभी।

ये ख़त तुम्हें ग़ालिबन[3] दस फ़रवरी को मिलेगा। ग्यारह को तुम फतेहगढ़ चल पड़ोगे। जाने से पेशतर[4] एक ख़त ज़रूर लिख देना। मुझे तुम्हारे प्रोग्राम का कुछ इल्म तो रहेगा, गो कि ये जानती हूँ कि इस प्रोग्राम में हर लहज़ा इंक़िलाब आने भी मुमकिन हैं। बहरहाल लिखना ज़रूर।

आज दोपहर को महमूद साहब के यहाँ गई, अम्मा को लेकर। थोड़ी-बहुत सिलाई करती रही। दिल कुछ उचाट सा ही रहा। शाम को आमना

---

1. सम्भावनाएँ, 2. मुक्ति, 3. सम्भवतः, 4. पहले।

आ गईं। अब ग्यारह बजे के बाद उनसे फुर्सत हासिल की है। अपनी गुज़िश्ता[1] शब ज़िन्दादारियों[2] के तूफ़ैल[3] नींद से झूमती जाती हूँ और सतरें लिखती जाती हूँ, गो कि 'सो जा राजकुमारी सो जा' गुनगुनानेवाला कोई भी नसीब नहीं!

शान साहब आज दोपहर सलमा के जीवन की सितार सूनी कर गए और हम दोनों के लिए ये जान लो कि शिरकते-ग़म[4] से उल्फ़त और महकम[5] हो रही है।

हाँ तो, पन्द्रह को, यानी मंगल को, ग्यारह बजे रात तक पहुँच ही जाऊँगी तुम्हारे अपने घर! ख़ुश रहो और एतमाद[6] रखो अपने पर और साथ ही मुझ पर। अपनी तन्हाई के एहसास को ज़बरदस्ती कम करना पड़ेगा। ख़्वाह किसी लम्हे तुम्हें वो तन्हाई महबूब[7] ही क्यों न हो। अब तुम ज़िन्दगी के ख़ारजी मनाज़िर[8] में एक रफ़ीक़[9] का इज़ाफ़ा कर चुके हो। ये रिफ़ाक़त ज़ेहेनी दुनिया के लिए भी तो ज़रूरी है। अगर मेरी ज़ात तुम्हारे लिए 'इंटेलेक्चुअल कम्पेनियन' न बन सकी तो फिर से ज़ाहिरी रिफ़ाक़त[10] तुम्हारे लिए वबाले-दोश[11] बन जाएगी। निभाना तुम्हारे जैसों का काम नहीं मेरी जान।

अब जल्दी ही मिलूँगी, लड़ूँगी, प्यार करूँगी, रूठूँगी और फिर ख़ुद ही मनाऊँगी। क्यों ठीक है न? आज तुम तमाम दिन मेरे सामने मुस्कुराते रहे, अपने मख़सूस अन्दाज़ में और तुम्हारी मीठी-मीठी आवाज़ मेरे कानों में सुनाई देती रही। फिर मुझे इसकी परवाह क्यों होती कि तुम्हारे अलावा सब बेरंगो-कैफ़[12] है।

कल फिर ख़त लिखूँगी। जब नींद की ज़ंजीरें ढीली पड़ चुकी होंगी। शब बख़ैर! प्यार, तुम्हारी सोई-सोई आँखों को।

तुम्हारी

सफ़्फ़ो

---

1. पिछली, 2. रतजगों, 3. कृपा से, 4. दुख में शामिल होने, 5. मज़बूत, 6. विश्वास, 7. प्रिय, 8. बाह्य परिदृश्य, 9. दोस्त, 10. बनावटी दोस्ती, 11. मुसीबत, 12. नीरस।

मुस्लिम गर्ल्स कालिज
अलीगढ़
9 फ़रवरी, 1944

अख़्तर!

ख़ुदा करे तुम ख़ुश रहो!

कल नीमख़्वाबी[1] में तुम्हें ख़त लिखा। ख़ुदा जाने क्या लिख गई हूँ। आज का दिन भी बहुत घिरा हुआ कटा। कालिज भी जाना था, अब हस्बे-दस्तूर ग्यारह बज रहे हैं। तुम क्या कर रहे होगे इसके मुताल्लिक़ फ़ैसला मुश्किल है। मुमकिन है मेरा ये ख़त उस वक़्त पहुँचे जब तुम फतेहगढ़ बिराज रहे हो। ये कमबख़्त मुशायरे मेरे रकीब बनकर ही दम लेंगे। ख़ैर सब्र किया उनकी जान को! ये जैसे मुझे जलाते हैं ख़ुदा इन्हें भी ऐसा जलापा नसीब करे।

ये कैसे कहूँ कि तुम्हारी कमी गहरूरा होती है जबकि हर लम्हा, हर लहज़ा तुम मेरे ही पास हो। दूर रहकर तो और भी प्यारे हो जाते हो। क्यों? इसलिए कि जब तुम नहीं होते तो तुम्हारा तसव्वुरी वजूद[2] मेरे मन के इशारों पर चलता है। वो तुम्हारी तरह हरदम होंठों पर सिगरेट लगाकर मुझे प्यारों से महरूम नहीं रखता। वह 'मेरे अपने ख़्याल' पर नाज़ करके मुझे अपने

---

1. आधी नींद, 2. काल्पनिक अस्तित्व।

से अलहदा नहीं करता, समझे तुम? नहीं मेरे अपने अख़्तर! तुम्हारा तसव्वुर सिर्फ़ इसलिए इतना शीरीं है कि तुम ख़ुद भी ऐसे ही हो। तुम्हारी ज़ात से मैंने आज तक कोई तल्ख़ी वाबस्ता नहीं की। मेरी ज़िन्दगी की सारी तल्ख़ियों का हल तुमसे हुआ है। फिर, तुमसे तल्ख़ी होना भी मुमकिन है, ये मेरे तसव्वुर में नहीं आता। हाँ, ऐसी ही सूरत में मुमकिन है कि जब तुम्हें अपने से बेनियाज़[1] पाऊँ। मगर मुझे मालूम है कि जब मेरे अख़्तर ने मुझे एक बार 'मेरी अपनी सफ़िया' कहा है तो फिर वो मुझे ग़ैर नहीं बनाएगा।

कितनी ख़ुश रहती हूँ और कितनी नाज़ाँ[2] कि मुझे किसी ने चाहा और मैं किसी को चाहना सीख रही हूँ। ज़िन्दगी अपनी मसर्रतों पर से आहिस्ता-आहिस्ता नक़ाब उठाकर मेरे सामने आ रही है। ऐसा महसूस करती हूँ कि अब से पहले मैं ज़िन्दा ही नहीं थी बल्कि ज़िन्दगी की आरज़ू में जी रही थी। तरह-तरह के सहारे ढूँढे मगर किसी को तशफ़्फ़ीबख़्श[3] न पाया। अक्सर मेरी रूह उस तन्हाई से घबराकर चीख़ उठी मगर उस फ़रियाद को सुनने के लिए भी अपने सिवा कोई न था। जहाँ तक देख सकती थी अँधेरा-ही-अँधेरा था। ऐसे में तुम्हारे वजूद ने मेरा साथ देना मंज़ूर किया। अब तो अपनी गुज़री हुई हालत को तन्हाई में दोहराने को भी जी नहीं चाहता और सच पूछो तो तन्हाई होती ही नहीं। 'तुम मेरे पास होते हो गोया।'

पच्चीस दिसम्बर से दरअसल मैंने दूसरा जनम लिया है। मुझे अन्दाज़ा भी न था और होता भी तो कैसे कि मेरी ज़िन्दगी में ख़ारजी तौर पर और दाख़िली तौर पर इतना ज़बरदस्त तग़य्युर[4] होगा? सारा समझौता निहायत अमली रौशनी और कारोबारी स्प्रिट में था। मुझे नहीं मालूम था कि ऐसा हसीन इंकलाब मेरा इस्तक़बाल[5] कर रहा है। अब मैं कितनी ख़ुश हूँ, इसका अन्दाज़ा तुम नहीं कर सकते। मुझे अपने पिछले दिन, कशमकश और कोफ़्त से लबरेज़ दिन ऐसे ग़ैरहक़ीक़ी[6] मालूम होते हैं जैसे कि किसी दूसरी दुनिया की दास्तान। वाक़ई एक बार मरकर पैदा होना ऐसे ही इन्क़लाबात का नाम है।

अब और बातें तुम्हारी ख़ैरियत मालूम करने के सिलसिले में क्या पूछूँ तुम से? ग्वालियर में तुम्हारी ज़ात से इतनी कम चीज़ों को वाबस्ता पाती

---

1. बेपरवाह, 2. गर्वित, 3. सन्तोषजनक, 4. बदलाव, 5. स्वागत, 6. झूठे।

हूँ कि समझ ही में नहीं आता कि वहाँ हो क्योंकर। एक ले दे के फ़ातिमा बहन है। सो उनके बारे में इतनी ख़ुदएतक़ादी[1] है कि वो मेरी भी उसी क़दर हैं जिस क़दर तुम्हारी। चुनांचे इस फ़ौक़ियत[2] को तस्लीम[3] करने से भी इनकार करती हूँ।

इस मर्तबा ग्वालियर पहुँचकर थोड़ी-बहुत रीसर्च ज़रूरी समझती हूँ ताकि कुछ ग्वालियर और ग्वालियरवालों से लगाव तो पैदा हो।

लो घड़ियाल ने बारह बजा दिए। हर तरफ़ सन्नाटा है। चाँद से कायनात[4] दरसे सफ़ा[5] ले रही है। दरख़्त ख़ामोश खड़े हैं। जैसे मंज़र पर सहर[6] हो गया हो। मैं इस वक़्त फ़ितरत की आगोश में भी नहीं पहुँच सकती क्योंकि मुझे तुम्हारी आगोश की गर्मी और मुलायमत ज़्यादा अज़ीज़ है। मैं अपनी जन्नत में हूँ। मुझे इस ख़ारजी जन्नत से लुत्फ़ उठाने की फ़ुर्सत कहाँ!

कब ख़त लिखोगे। पन्द्रह की रात, यानी मंगल की रात पहुँच जाऊँगी। मैं अपने मुआहिदे पर बरक़रार रही तो तुम्हें अपने मुआहिदे पर क़ायम रहना भी ज़रूरी हो जाएगा। ख़ुदा तुम्हें इसकी तौफ़ीक़ दे।

अब मुझे सोने दो। तुम जब से मिले हो मेरी नींद के दुश्मन ही हो, मेरे दोस्त।

अच्छा शब बख़ैर! प्यार, सुब्ह तक के लिए बशर्ते कि सपनों में कोई न आया।

तुम्हारी अपनी
सफ़्फ़ो

---

1. निष्ठा, 2. श्रेष्ठता, 3. स्वीकार, 4. ब्रह्मांड, 5. स्वच्छता का सबक़, 6. जादू।

मुस्लिम गर्ल्स कालिज
अलीगढ़
22 फ़रवरी, 1944

जाने अज़ीज़

कैसे हो? मेरे कूच के वक़्त मेरी तबीयत पर जो बार था उसकी फ़िक्र है। ख़ुदा करे अच्छी तरह सो गए हो और सुब्ह बश्शाश[1] उठे हो।

इस मर्तबा ग्वालियर के स्टेशन पर हर लहज़ा[2] दिल चाहता था कि काश कोई ख़ारजी क़ुव्वत[3] जाने से रोक लेती और अपने पर से ज़िम्मेदारी का बोझ हट जाता, मगर संग-दिल[4] ट्रेन आकर रही और बेरहम लोगों ने टिकट भी हासिल कर लिया और सफ़िया को दूर फेंक दिया, गो कि वो इसके बावजूद तुम से ज़रा भी दूर नहीं।

जब सोचती हूँ तो समझ में नहीं आता कि मेरी ग़ैरमौजूदगी में ज़िन्दगी को किन मशाग़िल[5] से पुर करते होगे? फ़ातिमा बहन बेचारी मज़दूर आदमी वक़्त पर चल देती होगी, फिर घर पर अकेले क्या करते होगे, वक़्त कैसे कटता होगा, घबराओ नहीं, मैं भी तुम्हारे पास हूँ, अलबत्ता ये और बात है कि ऐसे में मीना[6] भी आ जाती हो और मुझे उस बज़्म[7] से निकाला मिल जाता हो।

---

1. ख़ुश, 2. हर क्षण, 3. बाह्य शक्ति, 4. पत्थरदिल, 5. कामों, 6. शराब, 7. सभा।

तुम कब आओगे? मुझे बुलाना या ख़ुद आना। मार्च के पहले हफ़्ते में तुम जयपुर जाना तय करो और मुनासिब समझो तो मुझे भी ले चलो। औन के यहाँ ठहरेंगे और उनकी शाने-मेज़बानी भी देखेंगे। वैसे तुम अपनी मर्ज़ी पर रखो। ये शौक़ तो महज़[1] तुम्हारी हमसफ़री[2] की ख़्वाहिश में उछला, बक़िया[3] कुछ नहीं। ख़ैर।

हाँ और सुनो। आज यूनिवर्सिटी बन्द रही। कोई तालिबेइल्म[4] इत्तेफ़ाक़िया रेल से कुचलकर मर गया था रात को। तबीयत पर तकद्दुर[5] सा रहा गो कि मौसम बहुत ही रंगीन रहा।

आज दोपहर कोई तीन घंटे सोई। ये नींद गोया वो क़र्ज़ मयसूद[6] है जो तुम्हारे पहलू और बाज़ुओं पर वाजिब[7] था।

आज एक बहुत ही 'देर हज़्म'[8] क़िस्म की किताब पढ़ने के लिए उठाई है। अपने को तुमसे बहस करने के लिए मुसल्लह[9] करना चाहती हूँ। लड़ने के लिए तो मेरी फ़ितरत ने मुझे मुसल्लह करके भेजा था मगर बहस की ज़रूरत यूँ आन पड़ी कि तुमसे लड़ाई बग़ैर बहस छेड़े मुमकिन ही नहीं है।

तुम्हारी सलाहकार नहीं बनना चाहती। बनूँ भी क्योंकर और दावा भी करूँ तो किस बिरते[10] पर जबकि अपने को बेशतर[11] चीज़ों में तुमसे कमतर[12] पाती हूँ। हाँ, छेड़ की ख़ातिर फिर लिख रही हूँ कि मेरे पीछे मुझ से ये 'तर्के वफ़ा' न बरतना कि अपने को मुझसे अलहदा[13] करके ख़ुद परेशानियों के दौरे डालो और कहो कि मैं सफ़िया के साथ ये न कर सका और ये न कर सका। यक़ीन करो अख़्तर कि ये एहसास ही मेरी ज़िन्दगी के अक्सर लम्हों को क़तई सुकून बख़्श देता है कि मैं तुम्हारी हूँ। अब तक मैं किसी की भी न थी और न समझ सकती थी कि अपने को क्योंकर सँभालकर रखूँ और किसके लिए? मेरी वफ़ाओं का, मेरी उबलती हुई आरज़ुओं और तमन्नाओं का मर्कज़[14] कोई नहीं था। मेरे ख़्वाबों का पसमंज़र[15] बिल्कुल सियाह[16] था और मेरे अरमानों की दुनिया यकसर[17] सूनी। ऐसी उजड़ी हुई दुनिया को

---

1. केवल, 2. सहयात्रा, 3. शेष, 4. छात्र, 5. उदासी, 6. ब्याज सहित ऋण, 7. अनिवार्य, 8. देर हज़्म : शाब्दिक अर्थ है देर से पचनेवाली। यहाँ क्लिष्ट एवं गम्भीर विषय की पुस्तक के सन्दर्भ में कहा गया है, 9. तैयार, 10. आधार, 11. अधिकतर, 12. हीन, 13. अलग, 14. केन्द्र, 15. परिदृश्य, 16. काला, 17. बिल्कुल।

एकाएकी जगमगा देने का सेहरा तुम्हारे सर होगा, इसका यक़ीन भी न था। पिछली बातें ऐसी पिछली बातें बन चुकी हैं कि उनके हक़ीक़ी[1] होने में भी शुब्ह[2] है। फिर ऐसे में भी तुम ये करते हो कि मेरे पीछे मेरी इस दुनिया को ठुकराकर उस दुनिया में जा बसते हो जो तुम्हारे लिए गुज़री बात बन चुकी है और फिर अक्सर ऐसी बातों पर मग़मूम[3] होते हो जिन पर ग़म करने का अब तुम्हें कोई हक़ नहीं रहा है मेरे दोस्त!

आओ प्यार कर लूँ तुम्हें। न मालूम किन नज़रों से इन सतरों[4] को पढ़ रहे हो। इस तसव्वुर[5] को ज़्यादा मज़बूत नहीं करना चाहती वरना मेरे हाथ थरथराने शुरू होंगे शिद्‌दते-जज़्बात[6] से और फिर मुझसे कुछ भी तो न लिखा जाएगा।

तुमसे मिलने को हर मिनट जी चाहता है। इस ज़ब्ते-नफ़्स[7] का कुछ सवाब[8] भी है या नहीं, ये तुम बताना। हाँ सुनो! इस जुमे को सलमा देहली जा रही हैं, सईदा भी। सलमा को कपड़े ख़रीदने हैं, दुल्हन बनने के लिए। मेरी राय और मेरा इन्तेख़ाब[9] बहुत अहम[10] है इस मुआमले में, चुनांचे मुझे साथ ले जा रही हैं, चली जाऊँ? तुम्हारी आपा शाहिदा से भी मुलाक़ात होगी, तुम्हारे मजाज़ से भी।

मुझे मुफ़स्सिल सा ख़त लिखना। महज़ प्यार की बातें लिखकर टाल देते हो मुझे। ये भी लिखना कि कैसे रहते हो और क्या करते हो?

देहली से क्या मँगाते हो अपने लिए? न बताओ मैं ख़ुद ही अपनी मर्ज़ी से ले आऊँगी उलटी-सीधी चीज़ें, फिर उन्हें बरतना ही पड़ेगा तुम्हें।

आओ मेरे क़रीब, प्यार कर लूँ तुम्हें।

शब बख़ैर

तुम्हारी
सफ़्फ़ो

---

1. सच, 2. शक, 3. दुखी, 4. पंक्तियों, 5. कल्पना, 6. भावनाओं की तीव्रता, 7. भावना पर नियंत्रण, 8. पुण्य, 9. चुनाव, 10. महत्त्वपूर्ण।

मुस्लिम गर्ल्स कालिज
अलीगढ़
28 मार्च, 1944

अख़्तर!

कहो कैसे हो?

कल तुम्हें ख़त नहीं लिखा। चूल्हे चक्की से फ़राग़त हुई तो थकन ने आ दबाया। बहरहाल सुब्ह का भूला शाम को वापस आ जाए तो उसे भूला नहीं कहते।

मौसम पर रंगीनी फट पड़ी है। मालूम होता है कि क़ुदरत इन्तक़ाम पर तुली हुई है। सच तो है उम्र का आधा हिस्सा यूँ गुज़रा कि उसकी तारी[1] की हुई कैफ़ियत[2] का असर न लिया। अब वो मौक़ा-ब-मौक़ा तबीयत को उभारकर तंग करती है।

आज से कालिज में 'तैयारी' की छुट्टियाँ शुरू हो गई हैं, कोई काम नहीं, मगर अलीगढ़ में मौजूद रहो। कल मुमकिन था कि बुद्ध, जुमेरात की छुट्टी लेकर चली आती। मगर हमीदा के इम्तेहान और नौकर की बीमारी ने इरादे ख़ब्त[3] कर दिए। अब ये मुमकिन है कि तुम जुमेरात को रवाना होकर

---

1. छाई हुई, 2. दशा, 3. कमजोर।

जुमे को दस बजे यहाँ पहुँचो। जुमे, हफ़्ते, इतवार और ग़ालिबन[1] पीर को भी रह सकोगे, फिर मैं और हो सका तो हमीदा भी तुम्हारे साथ ही चलेंगे। दो-चार दिन ठहर सकेंगे। बहरहाल अपने इरादे से मुत्तला[2] करो। तुम्हारी ख़ैरियत की तरफ़ से बेइत्मीनानी सी रहती है, ख़ुदा जाने किस वक़्त क्या हालत तारी हो।

फ़ातिमा बहन ने मेरे ख़त का जवाब नहीं दिया। मैंने उन्हें नाराज़ तो नहीं कर दिया! उनसे कहो कि मुझे ख़त लिखें ताकि परेशानी दूर हो। बहुत से प्यार।

तुम्हारा क्या शग़ल[3] रहता है? कुछ तो बताओ कि तुम्हारी ज़िन्दगी का कोई मुब्हम[4] ही सा ख़ाका मेरी नज़रों में रहे। बाज़ लम्हे ऐसे भी गुज़रते हैं कि तुम्हारी याद के साथ एक कोफ़्त भी पैदा हो जाती है। क्यों?

इसका यक़ीन नहीं होता कि जिस तरह ज़ेहन में आ रहे हो तुम्हारी वही हालत होगी या उससे बहुत मुख़्तलिफ़!

अंसार भाई का ख़त अभी-अभी आया है। जेल की यकसाँ[5] ज़िन्दगी का असर उन्हें अब तक इक़रारे शिकस्त[6] पर आमादा[7] नहीं कर सका। ख़ुदा उनके अज़्म[8] को और फ़रोग़[9] दे।

अख़्तर सच बताओ कि मुझसे खिंचे-खिंचे क्यों रहते हो आजकल? मेरी जान! कहीं ख़फ़ा तो नहीं? ख़फ़गी काहे की? मैं तो ज़िन्दगी का एक-एक लम्हा तुम्हारी याद और तुम्हारी मुहब्बत के लिए वक़्फ़[10] कर चुकी, अब और क्या चाहिए तुम्हें?

तुम्हारी
सफ़्फ़ो

---

1. सम्भवतः, 2. सूचित, 3. कार्य, 4. अस्पष्ट, 5. एक जैसी, 6. हार की स्वीकृति, 7. तैयार, 8. इरादे, 9. उन्नति, 10. समर्पित।

मुस्लिम गर्ल्स कालिज,
अलीगढ़
6 अप्रैल, 1944

मेरे अपने अख़्तर,

कल शाम तुम्हारा ख़त मिल ही गया। तुमने लिखा है कि इस तरफ़ तबीयत ठीक न थी। ये भी न बताया कि क्या तक़लीफ़ थी। ख़ुदा करे कि अब पूरी तरह तन्दुरुस्त हो चुके हो। तुम्हें देखने आ जाती मगर दो-चार दिन की और पाबन्दी है। इसके बाद छुटकारा हासिल करके तुम तक पहुँच ही जाऊँगी, यक़ीन रखो!

इस तरफ़ कुछ ग़ैरशऊरी[1] तौर पर बेइत्मीनानी सी रही। रह-रहकर ख़्याल आता था कि ख़ुदा न ख़्वास्ता तुम ज़रूर नाख़ुश हो।

मेरा ख़त तुम्हें एक दिन बीच करके ज़रूर मिल जाता होगा। एकआध बार दो इकट्ठे रवाना किए हैं। तुम्हें शिकायत है कि नहीं पहुँचे। अब हर रोज़ लिखा करूँगी।

मेरी तबीयत अब तक़रीबन पूरी तरह ठीक है। इलाज जारी है। ग़नीमत है कि एक निहायत अहमक़[2] क़िस्म की लेडी डॉक्टर कालिज के पड़ोस

1. अनजाने में, 2. मूर्ख।

ही में रहती है, इससे काम चला रही हूँ। मिसेज ताराचन्द की तश्ख़ीस[1] भी वही निकली जो तुम्हारी मिस इंजीनियर की थी। कोई ऐसी संजीदा बात नहीं।

मकान कब तक बदल रहे हो? यकुम[2] मई के बाद के दिन मेरे हैं, ग्वालियर के नहीं, समझे? तुम्हें जो इन्तिज़ामात करने हों मई से पेशतर[3] ही हो जाएँ तो अच्छा ही है। बहरहाल मैं एक बार आने का क़स्द[4] रखती हूँ, उस वक़्त सब तय हो जाएगा।

अख़्तर! मेरा दिल हर लम्हे इस ख़्याल से परेशान रहता है कि न मालूम तुम कैसे हो? ख़ुश हो या नाख़ुश? नाख़ुशी के इम्कानात[5] ज़्यादा मालूम होते हैं, और इसीलिए यहाँ का क़याम[6] एक गुनाह का इर्तकाब[7] मालूम होता है और बस।

यहाँ पर मकान की कोई मुनासिब सूरत अब तक नहीं पैदा हुई सिवा इसके कि पहली मई को डॉक्टर मुज़फ़्फ़र जा रहे हैं। और ये 'बन्दाए कमीना हमसाया ए ख़ुदा' बन जाए। ये मकान सरवर साहब के मकान से मिला हुआ है न! सुना है कि मकान बुरा नहीं है। बहरहाल कोशिश में हूँ कि कोई सुलझा हुआ मकान दूधपुर और ट्रेनिंग कालिज के दरम्यान मिल जाए। अपने मुताल्लिक़ीन[8] से इतना दूर रहना भी अच्छा न मालूम होगा।

बारिश का सिलसिला रुक गया है। मौसम फिर असली हालात पर आता जा रहा है। आज की दोपहर ख़ासी गरम रही। सलमा के साथ पड़कर सो गई। अभी उठी हूँ। तुम्हारे लिए कुछ सिलाई की, अब ख़त लिख रही हूँ। कोशिश करूँगी कि स्टेशन पर पोस्ट हो जाए ताकि तुम्हें कल ही मिल जाए।

तुम क्या कर रहे थे अभी-अभी? सच-सच बताना, मुझसे क्या चोरी! महमूद साहब मय कुनबे के 'संभल' गए हैं (सँभलने की उम्मीद उनसे कभी मत रखना—ये संभल एक जगह है मुरादाबाद से क़रीब।)

---

1. जाँच, 2. एक, 3. पहले, 4. इरादा, 5. सम्भावनाएँ, 6. रुकना, 7. बुरे काम की शुरुआत, 8. सम्बन्धियों।

हमीदा के दो परचे हो गए, दो और रह गए हैं। कल फिर तुम्हें लिखूँगी। नौकर अब कुछ बेहतर है, गो कि खाना पकाने का फ़र्ज़ अब तक हमें ख़ुद ही अंजाम देना पड़ता है। फ़ातिमा बहन को बहुत सा प्यार। अपनी ख़ैरियत सुनाओगे? कब?

तुम्हारी
सफ़िया

मुस्लिम गर्ल्स कालिज
अलीगढ़
13 अप्रैल, 1944

अख़्तर!

कल शाम तुम्हारा ख़त मिल गया। तुम्हारी अलालत[1] की तफ़्सील सुनकर कोफ़्त[2] हुई। तुम्हें ऐसी बेतुकी क़िस्म की तकलीफ़ें क्यों परेशान करती हैं। गिल्टी ख़ुदा करे तहलील हो रही हो। मेरी सुनो तो एक अंग्रेज़ी मरहम आयोडेक्स होता है, उसकी मालिश करो, बहुत जल्द आराम हो जाएगा। तुमसे हमदर्दी के तौर पर पिछले दो-तीन दिन मैंने भी अपनी तबीयत ख़राब रखी। तुम्हें बुख़ार था तो मुझे हरारत[3]। अब शुक्र है कि अच्छी हूँ।

अब निहायत ईमानदारी से तुम्हारे समझौते पर बरक़रार रहूँगी। तुम अगर पन्द्रह को न आए तो सोलह की रात को मेरा ख़ैरमक़दम[4] स्टेशन पर करना। ख़ुदा न ख्वास्ता अगर टाँग की तकलीफ़ दूर न हुई तो शन्नो को अपना नुमाइन्दा बना सकते हो।

---

1. अस्वस्थता, 2. रंज, 3. ताप, 4. स्वागत।

यहाँ के हालात क्या लिखूँ? इम्तेहान ख़त्म हुए। हमीदा के पर्चे ख़ासे हो गए। ज़बानी इम्तेहान ख़ासतौर से अच्छा रहा। (ज़ाकिर साहब आए थे।) अब वो हर लहज़ा लखनऊ पहुँचने को पर तोलती हैं। ग्वालियर शायद ही आएँ।

फ़ातमा बहन ने क़तई तौर पर मुझे भुला दिया। मुझे दुआ प्यार भी नहीं कहलवातीं। मैं उनसे ख़फ़ा हूँ।

अच्छा ख़ुदा हाफ़िज़।

तुम्हारी
सफ़्फ़ो

मुस्लिम गर्ल्स कालिज
अलीगढ़
26 अक्तूबर, 1944

जाने अज़ीज़!

कल तुम्हें निहायत उजलत[1] में ख़त लिखा। इस ख़्याल से कि शाम की डाक से निकल जाएगा, स्टेशन पर पोस्ट हो सकेगा। ग़ालिबन वो भी न हो सका। यहाँ की मजबूरियाँ तुम्हारे अन्दाज़े से बाहर हैं। उधर तुम कुढ़ते हो और बदगुमान होते हो। मेरे ख़त वाक़ई तुम्हें कम पहुँचे। मगर दोस्त अगर मेरी मसरूफ़ियत[2] का अन्दाज़ा तुम्हें हो तो तुम ज़रूर मुझे काबिले-मुआफ़ी समझो!

सुब्ह अक्सर ट्रेनिंग कालिज जाना, बारह बजे वापसी, एक से तीन तक सुपरविज़न, चार से पाँच तक दूसरे दिन की पढ़ाई के लिए कमरे पर लड़कियों को हिदायत।

मैंने इलाज शुरू कर दिया है। इफ़ाक़ा[3] भी है। दो-चार रोज़ इहतियात का इरादा है। ग़ैरज़रूरी तौर पर चलती-फिरती नहीं। ताँगे की सवारी से भी बच रही हूँ। तुम बेफ़िक्र रहो।

---

1. जल्दी, 2. व्यस्तता, 3. रोग में लाभ।

'सराब'[1] लिखी, अच्छा किया। नक़्ल मुझे भी भेजो। वाक़्या ये है कि ग़लत समझते हो इसीलिए 'सराब' की नौबत आती है। अब तुमने अपने जी को इस तरह जलाया होगा तो सच जानो अलीगढ़ छोड़-छाड़ फिर तुम पर पूरी तरह मुसल्लत[2] हूँगी ताकि जी ही जलना है तो इसका एज़ाज़[3] मुझे हासिल रहे।

तुम्हारी शेरवानियाँ कल सफ़ाई के लिए दे दी हैं। इंशाअल्लाह बहुत अच्छी होकर आएँगी। तुम्हारे लिए एक अच्छी रज़ाई की फ़िक्र में हूँ, जो बक़ौल अम्मा के मुशायरों में काम आ सके। मौसम कोई ख़ास खुनक नहीं। शामों को मच्छर हमला बोलते हैं। रात बरामदे में रज़ाई ओढ़कर कट जाती है। आँख खुलते ही तुम सामने आ जाते हो। कैसा बेवक़ूफ़ शायर था जिसने कहा कि :

आँख खुलते ही तसव्वुर यार का रू पोश था

अच्छा अब वक़्त न मिलने पर भी तुम्हें हर रोज़ ख़त लिखूँगी, मगर इस शर्त पर कि तुम 'तवाज़ुन'[4] को ख़राब न करो। हाँ भई ये ख़तों का मसला किसी तरह हल नहीं होता। मेरी राय में इस तरफ़ तुम बजाय मेरे नाम के इस पते पर ख़त लिखते रहो—

सलमा एस.हक.
टीचर्स ब्लॉक
मुस्लिम गर्ल्स कालिज

तुम्हें शायद इस पर भी ग़ुस्सा आए। मगर यहाँ की सियासत का यही हल है। सलमा के ख़त ठीक तौर पर यहीं आ जाते हैं। मेरे ख़त वक़्त ना वक़्त ट्रेनिंग कालिज पहुँचते रहते हैं। या फिर सिद्दीक़ के थैले में राहत पज़ीर[5] रहते हैं। सलमा आदाब कहती हैं, हमीदा भी।

बहुत से प्यार लो, कल तक के लिए।

तुम्हारी
सफ़्फ़ो

---

1. जाँ निसार अख़्तर की एक नज़्म, 2. चारों ओर से छा जाना, 3. सम्मान, 4. सन्तुलन, 5. आराम करते।

दारुस्सिराज
लखनऊ
8 मार्च, 1945

अख़्तर अज़ीज़

तुम सबसे रुख़सत होकर कल लखनऊ पहुँच गई। सफ़र ख़िलाफ़े-उम्मीद आराम से गुज़रा, अय्यूब और तुम्हारे 'ख़ैरुलबशर' बहुत काम आए। यहाँ असरार भाई अपनी उसी इज़्तरारी[1] कैफ़ियत में लाहौर पहुँच गए हैं, तुम समझ सकते हो कि घरवालों का क्या हाल होगा। अम्माँ के लिए तो यही जी चाहता है कि मर जाएँ और ये सदमे न उठाएँ। ग़ालिबन[2] वो देहली मुशायरे पर आएँगे। तुम जा रहे हो या नहीं? ये तो दरअसल ऐन वक़्त तक तय हो सकेगा। बहरहाल तुम जाओ तो उन्हें समझाने की कोशिश करना और लखनऊ की ही तरफ़ फिर डायरेक्ट करना। कुछ अक़्ल काम नहीं करती कि अंजाम क्या होगा। शराब हद से ज़्यादा बढ़ गई है और नतीजे के तौर पर दीवानगी भी।

ये तो थी यहाँ के ग़म की दास्तान दोस्त! अब कुछ अपनी सुनाओ। तुम्हारा घर सन्नाटा कर आई हूँ। याद ज़रूर करते होगे हम दोनों को।

---

1. जल्दबाज़ी की, 2. सम्भवतः।

और क्या मशाग़िल[1] हैं? जानम थोड़ी सी फ़िक्र अपनी सेहत की भी करो। मुझ पर और बच्चे पर रहम खाकर देहली में हकीम को ज़रूर दिखा देना। हाँ देहली में असरार भाई से मिलने पर ज़रा मुहब्बत और मुलायमत से समझाने की कोशिश करना कि पीना कम करें। हम लोगों के पास तुम्हारे सिवा और कौन है जो इस परेशानी में काम आ सके। अंसार भाई के जेल चले जाने के बाद दुनिया अँधेर नज़र आती है। घरवालों का हाल देखा नहीं जाता। असरार भाई को तुम समझा-बुझाकर घर ही की तरफ़ आने की तरग़ीब[2] देना। तफ़्सील मुलाक़ात पर सुनना।

बच्चा सफ़र में बख़ैरियत रहा। यहाँ पहुँचकर ख़ासा परेशान हो गया। वही दर्द की तकलीफ़। आख़िर डॉ. बहादुर के पास ले जाया गया। फ़िलहाल कुछ इफ़ाक़ा[3] महसूस हो रहा है।

अपनी ख़ैरियत फ़ौरन लिखो। हर वक़्त तुम्हारे प्रोग्राम का ज़ेहनी ख़ाका तामीर करती रहती हूँ : अब क्या कर रहे होगे और अब क्या कर रहे होगे। कितनी मर्तबा तसव्वुर में तुम्हें अपने सरहाने खड़े हुए पाया। बा'ज़ हरकतें तुम्हारी दिल में उतर जाती हैं दोस्त। अभी चन्द दिनों की बात है, मैं और बच्चा दोनों मसहरी पर सो गए थे। तुम कालिज से वापस आए, तुमने मेरी पेशानी[4] पर हाथ रख दिया, मैं जाग गई। इस तन्हाई और बेकैफ़ी[5] में ये छोटी सी याद मेरा सरमाया-ए-हयात[6] बनी हुई है दोस्त!

तुम्हारी मासूम सी तस्वीर ज़ीनते-आग़ोश[7] बनी रहती है। तुम्हारी ही तरह मासूम और साथ-ही-साथ तुम्हारी ही तरह मुज़्तरिब[8]। एक लम्हे को चैन नहीं। कहाँ से सुकून और तसल्ली का सरमाया लाऊँ जो तुम दोनों को दे सकूँ—फिर भी इसी में मुझे राहत है। मुझे इस ख़िदमत से एक लम्हे के लिए भी ग़ाफ़िल न समझो।

अपने तफ़्सीली[9] प्रोग्राम से मुत्तला करना। देहली से मुख़्तसर सी ख़ैरियत लिखकर डाल देना। यहाँ मुशायरा पच्चीस को है, सुना।

---

1. कार्य-व्यस्तताएँ, 2. प्रेरित करना, 3. आरोग्य लाभ, 4. माथा, 5. अजानेपन, 6. जीवन की पूँजी, 7. गोद की शोभा, 8. बेचैन, 9. विस्तृत।

सब तुम्हें दुआ कहते हैं। बच्चे की और मेरी तरफ़ से बहुत से प्यार लो।

फ़ातमा बहन को हम दोनों का सलाम।

तुम्हारी
सफ़्फ़ो

दारुस्सिराज
न्यू सिविल लाइंस
लखनऊ
26 मार्च, 1945

अख़्तर मेरे!

ख़ुदा करे तुम ख़ुश व तन्दुरुस्त रहो।

आज मुझे तुमसे छूटे हुए बीस दिन हो गए दोस्त, और सिर्फ़ तुम्हारा एक ख़त मुझ तक पहुँचा। ख़्याल था कि आनेवाले हो इसलिए कोई ख़त नहीं लिखा, सो इसकी उम्मीद भी ख़त्म हो गई। अगर तश्वीश[1] है तो ये कि ख़ुदा न ख्वास्ता तुम्हारी तबीयत ख़राब तो नहीं। मगर अख़्तर, अगर इंसाफ़ बाक़ी है तो ऐसी हालत में भी तुम्हें याद रखना चाहिए था दोस्त।

ज़रा सोचो और महसूस करो कि इस दौरान में मैं कैसी सुलग-सुलगकर जी रही हूँगी। लखनऊ का क़याम हर मर्तबा यूँ ही ख़राब होता है। इस मर्तबा तो हद ही हो गई, काश मैं मर जाती इससे पहले कि तुम्हारी बेतवज्जही[2] का शिकार होती।

---

1. फ़िक्र, 2. उपेक्षा।

और फिर मेरा कोई क़ुसूर भी तो नहीं। सिवा इसके कि तुम्हें अपना समझती हूँ और अपनी ज़िन्दगी के आख़िरी लम्हों तक समझूँगी। मैंने तुझे अपना बनाना चाहा, अब ये मेरी क़िस्मत कि न बना सकूँ। तुमने मेरी बीमारी की ख़बर भी सुनी मगर कोई करवट न ली।

बच्चा तश्वीशनाक[1] हद तक बीमार हुआ। अख़्तर, इस तरह सिसका-सिसकाकर ज़िन्दा रखने से तो बेहतर है कि तुम मुझे गोली मार दो, ख़्वाह मैं बेकुसूर ही क्यों न हूँ।

अलीगढ़ पहुँचने के लिए हर मुमकिन कोशिश कर रही हूँ, न जाने कितने ख़त लिख डाले, कोई ख़ातिर ख़्वाह नतीजा नहीं है। घरों की किल्लत[2] का ये आलम है कि गर्ल्स कालिज हॉस्टल में ख़ेमे नस्ब हो रहे हैं। बच्चे के वुजूद ने मुझे किस क़दर मजबूर कर दिया है। हर वक़्त दिमाग़ इन्हीं फ़िक्रों में घिरा रहता है। जब तक मैं तुम्हारे पास रहती हूँ तुम किस क़दर जिम्मेदारी महसूस करते हो और मेरे हटते ही मुझे भूल जाते हो, मैं रुख़सत के वक़्त इसी पर रो रही थी अख़्तर!

असरार भाई कल आ गए। काफ़ी मिराक़ी[3] कैफ़ियत है। अम्माँ अब्बा को तुम्हारा इन्तिज़ार था कि तुम उन पर कोई असर डाल सकोगे। तुमने ख़ुद भी वादा किया था। अब अंसार भाई की ग़ैरमौजूदगी में तुम्हारे सिवा बूढ़े माँ-बाप का साथ देनेवाला कौन है अख़्तर?

मेरा चैक भी अभी तक कैश न हो सका।

परेशानी है, मगर बिरह की आग का मुक़ाबला तो कोई आग नहीं कर सकती।

ख़ुदा के वास्ते ख़त लिखो और मुझे इस अज़ीयत[4] से बचा लो जिसमें मुब्तला हूँ। मेरी रातों की नींद हराम है और दिन का आराम बदमज़ा है।

बच्चे की और मेरी तरफ़ से बहुत से प्यार, ख़ुदा तुम्हें ख़ुश रखे।

तुम्हारी परेशाने-हाल
सफ़िया

---

1. चिन्ताजनक, 2. अभाव, 3. पागलपन, 4. यातना।

दारुस्सिराज
न्यू सिविल लाइंस
लखनऊ
4 अप्रैल, 1945

अख़्तर अज़ीज़!

बहुत से प्यार

तुम्हारा ख़त कल मिला। मेरा भी तुम तक पहुँच गया होगा, और ग़ालिबन इस सिलसिले में तुम्हारी ख़फ़गी कुछ कम हो गई होगी। गो कि इस मर्तबा मेरे ख़तों की वो औसत नहीं जो पहले हुआ करती थी। मगर इसमें भी कुसूर तुम्हारा ही है। क्या करूँ कि तुमसे दूर रहकर भी तुम्हारी ही ख़िदमत में मुब्तला रहती हूँ।

आज का दिन मेरी तुम्हारी पहली मुलाक़ात के पाँच साल पूरे करता है। चार अप्रैल की शाम मेरे लिए तारीख़ी अहमियत रखती है और एक हद तक तुम्हारे लिए भी। आज ही शाम मैंने तुम्हारे लिए ये महसूस किया था, "ये तो पहचानी हुई आवाज़ है।"

घर की वीरानी का तज़किरा सुनकर दिल पर अजीब वहशत सी तारी है। ख़ुदा करे फ़ातमा बहन अब तक आ गई हों, ख़ुदा न ख्वास्ता उनका कोई बच्चा तो बीमार नहीं? तफ़्सील लिखो।

सब्ते के रुपए रवाना कर दूँगी, बेफ़िक्र रहो गो कि इस फ़र्माइश में तुमने 'लज़्ज़ते आज़ार'[1] को पूरी तरह मल्हूज़[2] रखा है। 'तुम्हारे पैसे लौटा दूँगा'—अख़्तर ये ग़ैरियत[3] मेरे दिल में निश्तर चुभो देती है। तुम्हें क्यों यक़ीन नहीं आता कि तुम्हारे सारे पैसे मेरे हैं, फिर लौटाना और फेरना क्या मा'नी? ये कहो कि 'तुम बेफ़िक्र रहो तुम्हारी सारी ज़रूरतें मैं पूरी करूँगा।' क्या तुमने मेरी ज़रूरतें पूरी नहीं की हैं दोस्त? मेरी बीमारी, दुख के दिन अब तुम्हारी ही सरपरस्ती[4] में गुज़रेंगे। मैं अपने माँ-बाप को ग़ैर क़रार देकर अपना बना चुकी, तुम भी मुझे अपना समझो।

दरख़्वास्त पहुँच गई होगी, रवाना कर दो। अगरचे इस ख़्याल से वहशत सी होती है कि तुम्हारे बच्चे की नर्स मुक़र्रर होकर मैं सारे जहान से गुज़री, ख़ैर लोग शादी के सिलसिले में छुट्टियाँ लेते हैं, मैंने उसके बाद की मंज़िल को ज़्यादा अहमियत दी।

जवाब लिखो, कब आओगे? अप्रैल में तुम मुझसे मिलने न आए तो मेरा दिमाग़ ख़राब हो जाएगा। मुझसे ये दूरी अब ज़्यादा बर्दाश्त नहीं होती।

खाने की तरफ़ से इस कदर वेपरवा न हो। तुम्हारी तन्दुरुस्ती इस साल वैसे ही नाज़ुक हो गई है। मुझे हर लम्हा इस तरफ़ से अन्देशा सा रहने लगा है। मेरी क़िस्मत कुछ बहुत अच्छी भी नहीं है इस बारे में!

बच्चा हर रोज़ कोई नई अदा सीखता है। नाज़ुकमिज़ाजी और गुस्सावरी[5] निहायत तेज़ी से तरक़्क़ी कर रही है। समझ में नहीं आता कि ग्वालियर रहकर दो महबूब[6] मुझसे किस तरह मुतमइन[7] रह सकेंगे? बच्चा हर लह्ज़ा[8] मेरी तमामतर तवज्जुहात[9] का मुतक़ाज़ी[10] और तुमको हर लह्ज़ा की बेतवज्जही भी ग़राँ[11]! ख़ैर—

---

1. दुख का आनन्द, 2. ध्यान, 3. अपरिचित भाव, 4. संरक्षण, 5. क्रोधित होने का गुण, 6. प्रेमी, 7. सन्तुष्ट, 8. पल, 9. पूरा ध्यान, 10. तक़ाज़ा करनेवाला, 11. भारी।

अच्छा अब मुझसे बातें करो। मेरे दिल की बातें सुननेवाला यहाँ कोई भी नहीं है।

आओ मेरे प्यार क़ुबूल करो।

तुम्हारी

सफ़्फ़ो

दारुस्सिराज
न्यू सिविल लाइंस
लखनऊ
14 अप्रैल, 1945

अज़ीज़ अख़्तर

बहुत से प्यार। आज तुम्हें गए हुए चौथा दिन है, अभी तक तुम्हारी ख़ैरियत नहीं मालूम हुई। तुमने वादा भी कर लिया था ख़त लिखने का। ख़ुदा करे अच्छी तरह हो। तुम्हारी तरफ़ से तबीयत परेशान सी है—इधर जादू साहब मुस्तक़िल बीमार हैं। तेज़ बुख़ार और दस्तों ने रही-सही क़ुव्वत भी सल्ब[1] कर दी है। ख़ुदा जाने एक हफ़्ते के बाद वापस जाने के क़ाबिल भी होंगे या नहीं। बहरहाल, हो रहेगा कुछ न कुछ, घबराएँ क्या।

मैं अब तुम्हें कब देख सकूँगी अख़्तर? जादू की ख़िदमत मेरी ज़िन्दगी का मक़सद होकर रह गई है और बस। अच्छा ख़त तो लिखो जानम। प्यार बेशुमार।

तुम्हारी ही
सफ़्फ़ो

---

1. छीनना।

मुस्लिम गर्ल्स कालिज
अलीगढ़
28 अप्रैल, 1945

अख़्तर मेरे,

बहुत से प्यार,

तुम्हारा ख़त कल शाम मुझ तक पहुँचा। महमूद साहब के मकान से इस घर का फ़ासला काफ़ी है, जब कोई आ निकलता है तो ख़त साथ लेता आता है। बहरहाल ख़ैरियत मालूम करके इत्मीनान हुआ।

यहाँ के हालात : फ़य्याज़ी दग़ा दे गई। सूरत ये है कि चौबीस घंटे की ग़ुलामी है और मैं। लखनऊ तुम गए थे तो तुमने देखा था कि इस बच्चे की मसरूफ़ियत[1] ने किस तरह तौबा भुला रखी थी, गो कि मेरे बराबर की मददगार अम्माँ थीं। फिर मकान के तमाम नौकर मौजूद थे—यहाँ आपा बीमार और नफ़ीस इम्तेहान में मुब्तला[2]। मैं हूँ और जादू की मुसीबत। अब जिस तरह हो सके तुम कहीं से नौकर तलाश करके लाओ, वरना मैं तो मर जाऊँगी अख़्तर। आगरा की मुलज़िमा ही खिलाने के लिए मिल जाए तो ग़नीमत है।

---

1. व्यस्तता, 2. फँसा हुआ।

तुमने यहाँ की तफ़्सील[1] पूछी है। मुलाज़िम मेरे पास कोई था नहीं। मामूर ख़ान नफ़ीस के साथ आए थे, वो काम दे रहे हैं। मकान मैंने डेढ़ रुपए रोज़ाना पर ले रखा है। अभी इंजीनियर साहब को किराया नहीं अदा किया है। मकानों की क़िल्लत[2] से ये नौबत आई। महमूद साहब के यहाँ मेरा क़याम मुमकिन था, मगर नफ़ीस और आपा को तकलीफ़ होगी। बहरहाल किराए मैं अगले माह में अदा कर दूँगी। मेहमानदारी जो कुछ थोड़ी-बहुत मेरे इम्कान[3] में थी मैंने की, वरना मंज़र साहब इनके लिए बहुत ज़्यादा ज़िम्मेदारी महसूस करते हैं और हर तरह की मदद इन लोगों की करते हैं। मेरे मामूज़ाद भाई ने एक छोलदारी, जगह की क़िल्लत के ख़्याल से लगवा दी है। वैसे मैं क़तई बेबस हूँ। मैं क्या ख़ातिरदारी इन लोगों की कर सकती हूँ! मुझे ख़ुद ख़िदमत की ज़रूरत है। तुम यहाँ आओगे तो मेरे मुक़ाबले में ज़ैदी और महमूद साहब के मेहमान कभी नहीं हो सकते, समझे?

अब तीसरी को तुम्हारा इन्तिज़ार करूँगी।

माजिद बराबर आते हैं, तुमको आदाब कहते हैं। जावेद हर मर्तबा सलाम भेजता है, मैं पहुँचाती नहीं। तुम दुआ ही न लिखोगे फिर सलाम से फ़ायदा? बहुत शरीर[4] और इन्तेहाई चंचल हो गया है। तुम सचमुच हैरान रह जाओगे उसे देखकर।

अभी का लतीफ़ा सुनो : एक साहब अभी-अभी सिद्दीक़ी साहब का सिफ़ारिशी ख़त लेकर आए कि उनकी अहलिया मुहतरमा[5] इंटरमीडिएट का इम्तेहान देने आई हैं, बीमार हैं बुरी तरह, कल एज्यूकेशन का पर्चा है, मेरी मदद दरकार[6] है। मुझे उनके मुस्तक़र[7] पर जाकर पढ़ाना चाहिए। बच्चे को किस पर छोड़ूँ? इनकार किया तो रोने पर तैयार हो गए। कल सुब्ह जाना ही पड़ेगा। मुलाज़िमत इसको कहते हैं, सुना?

---

1. विवरण, 2. कमी, 3. सम्भावना, 4. चंचल, 5. पत्नी, 6. वांछित, 7. ठिकाने।

हाँ तो सूरत ये है कि एक अदद मुलाज़िमा बच्चे के लिए इन्तेहाई शदीद तरीक़े पर दरकार है, ख़्वाह[1] आगरे से लाओ या कहीं से! आख़िर पिछली मुलाक़ातें किस दिन काम आएँगी अख़्तर? अच्छा प्यार...

तुम्हारी
सफ़िया

1. चाहे।

दारुस्सिराज
न्यू सिविल लाइंस लखनऊ
15 मई, 1945 ई.

अख़्तर अज़ीज़,

कल एक ख़त लिख चुकी हूँ। तुम्हें देखने को किस क़दर जी चाहता है, इसका अन्दाज़ा तुम शायद ही कर सको। तुम्हारा ख़्याल बेदारी[1] के अव्वलीन[2] लम्हे में मेरे साथ होता है। जैसे चाहो रखो। तुम्हारी हूँ और तुम्हारी ही होकर रहूँगी।

मेरे सीने की गिल्टी बहुत तेज़ी से बढ़ रही है। यहाँ आकर इलाज का नतीजा ये हुआ कि गिल्टी के साइज़ में और दर्द में इज़ाफ़ा[3] होता जा रहा है। आज फिर डॉक्टर को दिखाने जा रही हूँ। ऑपरेशन के सिवा कोई चारा नज़र नहीं आता, फिर दूध पिलाना मुश्किल। तुम्हारे जावेद की नर्स अगर अपने फ़राइज़[4] में कोताही करे तो बरहम[5] न होना दोस्त, वो मजबूर होगी। बहरहाल तुम फ़िक्रमन्द न हो। कुछ-न-कुछ हो ही रहेगी।

---

1. जागने, 2. पहले, 3. बढ़ोतरी, 4. कर्तव्यों, 5. ग़ुस्सा।

अलीगढ़ के मकान के मुताल्लिक़ अब तक कोई क़तई फ़ैसला नहीं हुआ है। हर लम्हे इम्कानात[1] इसी के हैं कि न मिलेगा। कल तमाम दिन लाहौर और देहली तार देने का इरादा करती रही मगर अक़्ल ने काम न किया। आज डॉक्टर के यहाँ जाते हुए दूँगी, गो कि नतीजा कुछ भी नज़र नहीं आता। फिर अगर कुछ नतीजा निकला भी तो तुम्हें क्योंकर ख़बर दूँगी? तुम देहली जा चुके होगे। इन्हीं बातों को देखते हुए कुछ भी समझ में नहीं आता, क्या करूँ क्या न करूँ। बहरकैफ़ ये इन्तेहाई[2] ज़रूरी है कि अगर देहली से लाहौर जा ही चुके हैं तो वहाँ से आगे न बढ़ने दिया जाए। इस तरह ठोकरें खाने का अंजाम ज़िल्लतों के अलावा यही होगा कि फिर एक दिन ऐसा करेंगे कि कोई दवा, इलाज कारगर न हो सकेगा। अख़्तर, मैं सिवाय अपनी बेबसी पर आँसू बहाने के और कुछ भी नहीं कर सकती। घर के बक़िया[3] लोग मुझसे ज़्यादा मजबूर हैं। तुम मुझे अय्यूब का पता लिखकर भेज दो ताकि देहली में अगर कोई क़ाबिले-तहरीर[4] अम्र[5] हो तो उसके पते पर तुम्हें तहरीर कर दूँ, वो तुम तक इत्तला पहुँचा ही देगा।

तुम्हें देखने को मेरी आँखें तरसती हैं मेरी जान! मैंने तुम्हारा क़ुर्ब[6] चाहा और तुम्हें दूरी पसन्द है। अपनी तमन्नाओं और आरज़ुओं का मक़सद किसे बनाऊँ? अपने अरमानों की दाद[7] किससे चाहूँ? क्या मेरे दिन यूँ ही बीतेंगे?

तुम्हारी
सफ़्फ़ो

---

1. सम्भावनाएँ, 2. बेहद, 3. शेष, 4. लिखने योग्य, 5. काम, 6. निकटता, 7. प्रशंसा।

दारुस्सिराज
न्यू सिविल लाइंस, लखनऊ
29 मई, 1945

अख़्तर अज़ीज़,

तुम्हारा ख़त पहुँचा। मैं जानती हूँ कि तुम्हारी इन्तेहाई ख़्वाहिश अपनी जगह पर है असरार भाई को इस बर्बादी से बचाने की। ख़ुदा करे तुम अपने इरादे अमल में देख सको और कामयाबी नसीब हो। मैं इस बेकसी[1] में सिवाय सब्र करने और दुआ करने के कर भी क्या सकती हूँ। तुम उनके दोस्त हो, तुम्हें उनकी महरूमियों[2] पर ज़रूर तरस आता होगा। हम सब अपनी जगह पर ग़म में घुल रहे हैं और कुछ कर नहीं सकते। उनका ख़त कल अम्माँ के नाम आया जो अम्माँ से पोशीदा[3] रखा गया है। क्या फ़ायदा? सिवा इसके कि वो रोएँगी, पीटेंगी।

अगर वो अब तक किसी वजह से देहली न जा सके हैं तो ख़ैर, वर्ना लाहौर तो और भी बुरी जगह और क़तई ग़ैर मक़ाम[4] है, न जाने इस बेहोशी और बेसब्री के आलम में क्या गुज़र जाए। इस पर कोई इत्तला करनेवाला भी न होगा। देहली के लिए बराबर सोचती रही, कोई ऐसा नज़र नहीं आया

---

1. कष्ट, 2. अभावों, 3. छुपाकर, 4. अपरिचित जगह।

जिसे तार देती या ख़त लिखती। शौकत वग़ैरा वैसे ही बेज़ार हो चुके हैं उनसे। ख़ैर! जावेद ने मुझे बाँध न रखा होता तो मैं ख़ुद निकल जाती और ढूँढ़ निकालती, ख़्वाह उन्हें घर तक लाने में नाकामी ही क्यों न होती। अब अगर वो लाहौर से आगे निकल गए तो हम सबके बस की बात न रहेगी। ख़त से पता चलता है कि उन्हें अब भी ये होश है कि अम्माँ को अपने हालात और पते से मुत्तिला[1] करें, ख़्वाह वो ग़लत हो या सही। बहरकैफ़।

अख़्तर, मैं जानती हूँ कि तुम अपने मुआमलात में भी छोटे-छोटे कामों में दूसरों की मदद के मुहताज[2] रहते हो, फिर भी जब तुम इस तबाही को शिद्दत से महसूस कर रहे हो तो जो कुछ कर सकते हो उसमें दरेग़ न करो—मैं आज ही एक तार देहली दिलवाऊँगी (अब तक फ़ैसला न कर सकी कि किस पते पर!) और एक लाहौर, अम्माँ की शदीद अलालत[3] का तुम मुनासिब ख़्याल करो तो साहिर को ख़त लिखो लाहौर, जवाब-तलब[4], या तार दो, यही कि अम्माँ सख़्त अलील[5] हैं, असरार भाई को तलाश करके घर भेज दें, और फिर देहली जाने पर जो समझ में आए या जो देहली जाने से क़ब्ल[6] तय करो वैसा करना, मेरी अक़्ल काम नहीं कर रही। सैकड़ों बातों को जी चाहता है। अमल में लाने के इम्कानात नज़र नहीं आते। अगर मेरा दिमाग़ यूँ ही मुतास्सिर[7] होता रहा तो सच जानो किसी दिन बच्चे को तन्हा छोड़कर निकल खड़ी हूँगी। बच्चे तो ऐसे मुझे मिल सकेंगे, भाई को खोकर दोबारा कहाँ पाऊँगी। अब्बू बिचारा बग़ैर साइकिल एक क़दम भी नहीं चल सकता, देस-परदेस कहाँ जा सकता है।

रहमान के लिए तुमने लिखा है, मैं ख़ुद कुछ तय नहीं कर सकती, तुम पर छोड़ती हूँ। मैं तो इतना जानती हूँ कि अलीगढ़ पहुँचने पर बग़ैर नौकर के रहना सख़्त मुश्किल होगा। सफ़र में ही बच्चे को सँभालने के लिए किसी और का साथ ज़रूरी समझती हूँ। इस मर्तबा तो ख़ैर काम चल गया, अब अलीगढ़ में नई जगह जाना होगा। नए सिरे से घर जमाना होगा, और फ़ौरन कालिज पहुँचने की ज़रूरत। इन तमाम बातों का लिहाज़ करते हुए तुम जो मुनासिब ख़्याल करो मुझे मंज़ूर होगा।

---

1. सूचित, 2. दूसरों पर निर्भर, 3. बीमारी, 4. उत्तर अपेक्षित, 5. बीमार, 6. पहले, 7. प्रभावित।

इस तरफ़ हैदराबाद सेंटर से कोई डेढ़ सौ पर्चे और नाज़िल हुए जिनकी जाँच करके फ़ौरन वापस भेजे।

गिल्टी अपनी जगह पर क़ायम है, दर्द बढ़ गया है, मरहम की मालिश और सेंक हो रही है। ज़्यादा इम्कानात पकने के हैं। घर की परेशानियाँ और इस तरफ़ पूरी तवज्जोह भी नहीं दी जाती। रात को बिस्तर पर लेटने के बाद तकलीफ़ ज़्यादा महसूस होती है।

कल अंसार भाई का ख़त आया, कलकत्ते से बाँस बरेली आ रहे हैं। हम लोग परसों दोपहर को स्टेशन जाएँगे उनसे मिलने। पंजाब मेल से शायद वो गुज़रें। तुम देहली रवाना होने से क़ब्ल[1] ख़त ज़रूर लिख देना, मैं मुंतज़िर[2] रहूँगी। जावेद तुम्हें प्यार करता है।

तुम्हारी अपनी
सफ़िया

---

8. पहले, 9. प्रतीक्षारत।

ट्रेनिंग कालिज अलीगढ़
17 जुलाई, 1945

अख़्तर,

तुम्हारे ख़त का इन्तिज़ार रहा। ख़ुदा करे तुम बआफ़ियत[1] हो। यहाँ के हालात मुख़्तसरन[2] लिख चुकी हूँ, नफ़ीस[3] का दाख़िला करवा दिया है।

फ़िलहाल उन्हें हॉस्टल में जगह नहीं मिली है। हॉस्टल पूरी तरह से भर चुका है। मिसेज़ हैदर ने क़तई तौर पर जवाब देने को इस महीने के अख़ीर तक कहा है, ग़ालिबन[4] उस वक़्त तक नफ़ीस मेरे पास ही रहेगी।

यहाँ मैं ख़ुद मुलाज़िमा की तलाश में बराबर रही, कोई ख़ातिर ख़्वाह[5] औरत नहीं मिलती। लखनऊ भी लिखा है कि रहमी ही अगर सिर्फ़ दो महीनों के लिए आने को तैयार हो जाए तो भिजवा दें, फिर देखा जाएगा। अब तक कोई जवाब नहीं आया। यकुम[6] से गर्ल्स कालिज की दौड़ होगी। जावेद मेरे बग़ैर चार-चार घंटे कैसे गुज़ारेगा? ख़ुदा मुझे सब्र की तौफ़ीक़ दे।

---

1. सकुशल, 2. संक्षेप में, 3. जाँ निसार अख़्तर की भांजी, 4. सम्भवतः, 5. मनचाही, 6. पहली तारीख़।

ज़ैदी की बेग़म साहिबा मय अपने फ़रज़न्द के आ गई हैं। ज़ैदी बेशतर[1] वक़्त घर से बाहर गुज़ारते हैं। कभी आ गए तो बच्चे को गोद में लेकर अपने बाप होने का इज़हार करते रहते हैं। आगे आयत है। ये दोनों ज़्यादातर बहन-भाई ही बनकर रहते हैं। मेरे हक़ में ये भी अच्छा है वर्ना 'आतिशे शौक़'[2] और तेज़ रहती।

मुझे एक निहायत महफ़ूज़[3] क़िस्म का कमरा, जिसकी खिड़की एक बेपनाह वुस्अत[4] वाले मैदान की तरफ़ खुलती है, मिल गया है; मुझे पसन्द है। मगर इस कमरे की फ़िज़ा तन्हाई के एहसास को और भी शदीद[5] करती रहती है, चुनांचे कल रात के चाँद से पूछो कि उसकी रोशनी में मेरी पलकों पर कितने आँसू झलकते नज़र आए!

क्या मेरे दिन यूँ ही रोते कट जाएँगे? क्या मैं हमेशा यूँ ही तन्हा रहूँगी? जावेद न होता तो अब ज़िन्दगी नामुमकिन हो जाती अख़्तर। मैं क्या करूँ कि मुझे हर लम्हे याद आते हो, और मैं तुम्हारे बग़ैर ज़िन्दा रहकर कुल दुनिया से ऐसी शर्मिन्दगी महसूस करती हूँ जैसे किसी गुनाह का इर्तकाब[6] कर रही हूँ और फिर अन्दर-अन्दर न जाने क्या शै बुझती चली जाती है। दरअस्ल मैं ज़िन्दा ही नहीं रहती हूँ अख़्तर!

तुम कैसे हो, क्या करते रहते हो?

कोई ताजा नज़्म? कभी अपना हाल मुझे लिखोगे? अलीगढ़ कब आओगे? तुम्हें तो बहुत सी छुट्टियाँ मिल जाएँगी, यहाँ तो इस मर्तबा जुबली के पीछे सितम्बर की ता'तीलात[7] भी गईं। मेरा दिल तुम्हें देखने को चाहता है!

अम्माँ जान बदस्तूर जावेद की ख़िदमत में मसरूफ़ हैं और ज़ैदी की बीवी से ख़ुलूस बरतती रहती हैं।

जावेद बख़ैरियत है और जहाँ तक मुमकिन है वहाँ तक ख़ुश भी।

अच्छा, फ़ातमा बहन को आदाब।

तुम्हारी
सफ़िया

---

1. अधिकतर, 2. प्रेम की आग, 3. सुरक्षित, 4. अति विस्तृत, 5. तेज़, 6. शुरुआत, 7. छुट्टियाँ।

ट्रेनिंग कालिज अलीगढ़
24 जुलाई, 1945

मेरे अपने अख़्तर,

तुम्हारे दो ख़त न जाने कहाँ-कहाँ की ठोकरें खाकर मेरे पास परसों शाम पहुँचे। मालूम होता है कि डाकख़ानेवालों ने मेरी तुम्हारी मुरासलत[1] को कभी पसन्दीदगी की नज़र से नहीं देखा। किस तरह राज़ी किया जाए इन क़ासिदों[2] को? उर्दू शायरी में तो क़ासिद ख़ासा वफ़ाशआर[3] ही रहा है। मालूम होता है 'सफ़िया अख़्तर' देखने के बाद पूरा पता पढ़ने की ज़रूरत ही महसूस नहीं की गई। ख़त गर्ल्स कालिज पहुँचा दिए गए। मिसेज़ हैदर ने अपने क़लमे-ख़ास से दोबारा पता लिखकर सुपुर्दे-डाक करवा दिए।

पिछला मेरा ख़त तुम्हें मिल गया होगा, तुम ख़ुद परेशान हो उस पर से मैं भी तुम्हारी फ़िक्रों में दानिस्ता[4] इज़ाफ़ा[5] करती रहती हूँ, मगर क्या करूँ साजन! तुम्हारे सिवा कोई और दिखाई भी तो नहीं पड़ता। मेरा तो अब कोई नहीं है सिवा तुम्हारे। अगर तुम्हें इस एहसास से कुछ तस्कीन[6] मुमकिन है तो इसी को बहुत समझो। मैं तुम्हारे ही सहारे जीती हूँ अख़्तर!

---

1. पत्र-व्यवहार, 2. सन्देशवाहकों, 3. वफ़ा करनेवाला, 4. जानबूझकर, 5. बढ़ोतरी, 6. सान्त्वना।

ख़त कल ही लिखती मगर सिलेबस ख़रीदना था। दुनिया के उस सिरे पर रहती हूँ कि न मुझे किसी की कोई ख़बर न किसी को मेरी—कल शाम बदिक़्क़त हज़ार[1] ताँगा हासिल किया। शमशाद बिल्डिंग पहुँचकर सिलेबस लाई। ज़ैदी वक़्त-वक़्त पर आते हैं। बाक़ी हॉस्टल में रहते हैं। कोई काम नहीं निकल सकता। फिर आजकल तो उनकी बेगम साहिबा मेरठ गई हुई हैं, कोई एक हफ़्ते के लिए अपनी बहन के घर। वो कोई मेरी तरह पाबन्द तो नहीं। अगर नफ़ीस और अम्माँ जान न होतीं तो तन्हा घर में रहना ही पड़ता, मगर हाल दुरुस्त हो जाता।

लखनऊ से आज ही हमीदा का ख़त आया। रहीम क़तई राज़ी नहीं है। बहरहाल हर तरफ़ हाथ-पैर चलाती हूँ मगर नतीजा कुछ नहीं। अम्माँ जान वैसे दिन-भर काम करती रहती हैं, मगर जादू को कोई दिलचस्पी उनसे नहीं, उनकी गोद में पहुँचते ही चीख़ना शुरू कर देता है। नफ़ीस की मुसाहबत[2] अलबत्ता पसन्द है। परसों गर्ल्स कालिज लेकर गई थी, हर उस्तानी से इश्कबाज़ी की। सबकी राय है कि तुम्हारा बेटा पक्का फ्लर्ट है। क्यों न हो? 'बाप पर पूत पिता पर घोड़ा'। इसकी तन्दुरुस्ती अलबत्ता बहुत गिर गई है। दूध के सिलसिले में मुझे जिन उलझनों से दो-चार होना पड़ा है उनका इल्म तुम्हें नहीं। बमुश्किल एक ग्वाला गाय का दूध देने पर राज़ी हुआ था। कल इस क़दर शोख़ बसन्ती रंग का दूध लेकर आया कि अक़्ल दंग रह गई। डाँट-फटकार हुई, धमकी दी गई, पता चला कि मूज़ी[3] भैंस के दूध में रंग मिलाकर लाता रहा है और मेरी मासूम जान को मुस्तक़िल ज़हर पिलाता रहा है। रात-भर ऐसी ज़ेहनी कोफ़्त रही कि अपनी आराइश[4] की ख़ातिर मैं उस ग़रीब को किस क़दर तकलीफ़ में मुब्तला किए हुए हूँ। बस जी चाहता है कि सारी दुनिया को ठुकराकर अपने बच्चे की होकर रहूँ, मगर दुनिया को मैं ठुकराती हूँ तो जवाब में क्या वो मुझे न ठुकराएगी अख़्तर? ग़रज़ कि दिमाग़ी कशमकश से किसी लह्ज़ा[5] मुझे फ़ुर्सत नहीं होती।

---

1. अनेक कठिनाइयों से, 2. बड़े व्यक्ति के पास बैठना, 3. अत्याचारी, 4. सजावट, 5. किसी पल।

सोचती हूँ कि कल मिशन स्कूल चली जाऊँ, शायद उधर के इलाक़े में कोई ईसाई औरत रज़ामन्द हो जाए बच्चे की परवरिश पर। ट्रेनिंग कालिज का काम चल निकला है। मसरूफ़ियत बढ़ गई है। इधर माजिद कभी-कभी आ जाते हैं। जज़्बी रशीद साहब के मेहमान हैं, कभी वो आ निकलते हैं। मुझे फ़ुर्सत हुई तो बरामदे में खड़ी होकर बात कर लेती हूँ।

नफ़ीस का दाख़िला हॉस्टल में नहीं हो सका है अब तक। मुमकिन है कि दाख़िला न होने की सूरत में उस वक़्त तक वो मेरे ही पास क़याम करे जब तक आपा को फ़राग़त[1] हो। फिर घर दुरुस्त हो। तुम ख़त लिख दिया करो अख़्तर। अगर मेरी ज़िन्दगी में कभी वो मनहूस लम्हा भी आ जाए कि तुम्हें मेरा वाक़ई ख़्याल न रहे तो भी मैं तुमसे यही चाहूँगी कि तुम मुझे फ़रेब[2] देते रहना। क्या इतना भी न कर सकोगे मेरे साथ?

निसार[3] का सिलेबस और अय्यूब[4] का भी भेज रही हूँ। अय्यूब के लिए बक़िया तफ़्सीलात फिर लिखूँगी। अय्यूब का कार्ड भी कल ही मिला।

अपनी शायरी हर रंग में बरक़रार रखते रहो, दूसरों को निशाना बनाकर ख़ुद ही मज़्लूम[5] बनते हो! ख़ैर तुम्हें हर तरह की आज़ादी है, शायर हो।

जावेद तुम्हें बहुत प्यार करता है। अब तो वो बाक़ायदा प्यार करना सीख गया है। बिलीव इट ऑर नॉट। ज़्यादा प्यार।

तुम्हारी अपनी
सफ़िया

---

1. अवकाश, 2. धोखा, 3. परवेज़, 4. मिर्ज़ा वज्द चुग़ताई, 5. ज़ुल्म के शिकार।

ट्रेनिंग कालिज अलीगढ़
14 अगस्त, 1945

मेरे अख़्तर!

बहुत से प्यार।

तुमने ख़त नहीं लिखा। ख़ुदा करे कि तुम ख़ुश व तन्दुरुस्त हो। मैं तुम्हें लिखने का इरादा करती रही। मगर नौबत न आ सकी। जादू अब ख़तरे से निकल गया है। गो कि बीमारी का सिलसिला बराबर चल रहा है। हरारत भी हो जाती है और कल से पेचिश सी हो गई है, मगर वैसे मज्मूई[1] हालत बेहतर है। हकीम को बराबर दिखाती रहती हूँ। आपा के आने-जाने से मुझे बहुत सुकून हो गया है। ये तयशुदा है कि जादू को वो मुझसे ज़्यादा आराम पहुँचा लेती हैं। बहरहाल देखो ये ऊँट किस कल बैठता है।

मैं सुब्ह साढ़े सात बजे की बाहर निकली, गर्ल्स कालिज से साढ़े ग्यारह पर वापस होती हूँ, और फिर बारह से एक तक ट्रेनिंग कालिज की हाज़री ज़रूरी है। कोई बीस लड़कियाँ और मेरी जाने नातवाँ[2], ख़ैर शुक्र करती हूँ कि वक़्त तो किसी तरह कट ही जाता है। दिमाग़ को बहुत सी उलझनों से जितनी देर फ़ुर्सत रहे वही ग़नीमत है।

---

1. कुल मिलाकर, 2. कमज़ोर जान।

सबसे ज़्यादा कोफ़्त[1] जिस बात की रहती है अख़्तर, वो ये है कि जो मक़सदे-ज़िन्दगी मैंने मुन्तख़ब[2] किया है वही बदलता नज़र आता है। मेरी ज़ात से तुम्हें कोई आसाइश[3] नसीब नहीं हुई? मैं किसी तरह भी तुम्हारी राहतों का सामान बन सकी? गो कि इसमें अपने को तुम्हारे बराबर ही बेक़ुसुर पाती हूँ मगर फिर भी मेरी रूह इस एहसास से बेचैन सी रहती है कि मेरी ज़िन्दगी अपने मर्कज़ से बहुत दूर गर्दिश कर रही है, शायद दायरे पर। कोई तरीक़ा इससे क़रीब होने का मेरी नज़र में नहीं। फ़र्ज़ करो मैं तर्के-मुलाज़िमत[4] करके भी तुम्हारे पास आ जाऊँ इस तस्कीन[5] के साथ कि तुम्हारी ख़िदमत मेरी ज़िन्दगी का माहसल[6] होगी, क्या तुम ख़ुश रह सकोगे तब? क्या तुम्हें और मुख़्तलिफ़ क़िस्म की फ़िक्रें न घेर लेंगी? फिर क्या रास्ता है? यूँ ही तुम से अलहदा, तुमसे दूर, ग़ैरों के सहारे, पराई आस पर जीती रहूँ? मगर मुझे तो आज भी तुम्हारी ही आस है। मैं इस वक़्त भी तुम्हारी होकर जीती हूँ, किसी दूसरे को अगर एक लम्हे के लिए भी इसमें शुब्ह[7] हो तो मैं उसका मुँह नोच लेने को तैयार हो जाऊँगी। मैं किसी के इस वहम को भी बर्दाश्त न कर सकूँगी कि मुझमें और तुममें किसी तरह की भी दूरी है। दूरी का सवाल भी क्या जब मेरा रेशा-रेशा, मेरा हर एहसास तुम्हारे लिए है अख़्तर! फिर भी तुम्हारे लिए कुछ नहीं करती मैं, सिवाय तुम्हारी परेशानियों में इज़ाफ़ा करने के और कुछ भी नहीं करती। मैं जानती हूँ कि ये सब कुछ सच है, मगर फिर क्या करूँ? क्या तुम इस मुआमले में मेरी ज़रा भी रहबरी[8] न करोगे? तुम बताओ कि तुम्हें मेरे वुजूद से सुकून क्योंकर हासिल हो सकता है? मैं अपने वुजूद का वही इस्तेमाल बनाना चाहती हूँ जो तुम्हारे सुकून का बाइस हो। मुझे इसी में सुकून मिल सकेगा। ये सब अपनी ख़ातिर चाहती हूँ। ज़िन्दगी तो नाम ही है सेल्फ़फुलफिलमेंट का! मैं ज़िन्दा तो महसूस करूँगी।

आजकल मैं खाती हूँ, काम करती हूँ मगर इस पर भी मुर्दा महसूस करती हूँ। इसलिए कि ज़िन्दगी से बहुत दूर हूँ। तुमने तो मेरे साथ बहुत कुछ किया है अख़्तर, मुझे एक नातजुर्बाकार[9] लड़की से एक औरत के दर्जे तक पहुँचाया। तुम्हारी ज़ात से आज मैं माँ का वक़ार[10] रखती हूँ। मुझे दुनिया

---

1. रोष, 2. चुना, 3. आराम, 4. नौकरी छोड़ना, 5. दिलासा, 6. जो हासिल हुआ, 7. शक, 8. मार्गदर्शन, 9. अनुभवहीन, 10. मर्यादा

इज़्ज़त की नज़र से देखती है और एहमियत देती है। मैं अपनी छोटी-छोटी ग़रज़ों को सामने रखकर तुम्हारी तस्कीन[1] को भुला दूँ, ये मुझसे न होगा। तुम्हें आज अपने सेल्फ़ को अलहदा रखकर बताना ही होगा कि तुम मेरी ज़ात से किस तरह तस्कीन पा सकते हो? देखो मैं तुम्हारा हाथ पकड़कर पूछ रही हूँ? और अगर मेरी ज़ात से तुम्हें किसी तरह तस्कीन पहुँचना मुमकिन ही नहीं तो फिर अख़्तर, जैसे मैंने अक्सर अपने शक के लम्हात में ख़्वाहिश की है कि तुम मुझे अपने हाथों ही ख़त्म कर दो, आज भी यही चाहती हूँ। ये एक महीने का अर्सा[2] मैंने बड़ी बेचैनी में गुज़ारा है सिर्फ़ इसलिए कि जावेद की ख़िदमत के अलावा बक़िया ज़िन्दगी मुझे क़तई बेकार व बेमसरफ़[3] नज़र आती है। तुम आज कह दो कि मेरे दूर रहने से तुम्हें सुकून मिलता है। मैं दूर रहकर भी सुकून पा लूँगी। मैं बहुत दूर से तुम्हारी पूजा करूँगी। अपने मक़सदे-ज़िन्दगी की, जिसे हर इंसान पा लेने के लिए बेचैन रहता है मगर पा नहीं सकता! तुम कहोगे कि आज मैं दीवानगी की बातें कर रही हूँ। अख़्तर, ये अगर दीवानगी की बातें हैं तो तुम मुझे वाक़ई दीवानी समझो, क्योंकि मैं अपने ही को बेनक़ाब कर रही हूँ। इसमें न अपने को फ़रेब दे रही हूँ न तुम्हें। मुमकिन है कि तुम इन बातों को जवाब के क़ाबिल न समझो, फिर मैं कहाँ से जवाब पाऊँगी उनका?

तुम्हारा जावेद बेहतर है, बीमार होकर इसकी शक्ल तुमसे बहुत मुख़्तलिफ हो गई है। मुझे इस बात की कोफ़्त है। बहरहाल मैं इसकी ख़िदमत में दिन-रात मुन्हमिक[4] हूँ। इत्मीनान रखो।

ग्राइपवाटर जिस क़दर जल्द मुमकिन हो, रवाना करवा दो। सलीम के जरिए मैंने मँगवाया था, आ तो जाना चाहिए, वर्ना फिर तुम ही मँगवाकर भेजो।

मेरी सारी मुहब्बत तुम्हारे लिए है मेरे अख़्तर!

तुम्हारी
सफ़िया

---

1. सन्तुष्टि, 2. समय, 3. निरुद्देश्य, 4. तत्पर।

ट्रेनिंग कालिज, अलीगढ़
25 सितम्बर, 1945

अख़्तर अज़ीज़,

सुब्ह तुम्हें लिख चुकी हूँ। एक ख़त तुम्हारा अभी-अभी शाम को मिला।

तुम्हारी झुंझलाहट बजा[1] है। मेरी नावाक़्फ़ियत[2] और नातर्जुबाकारी का हाल जानते हो। जादू लखनऊ से बड़ी शदीद बीमारी उठाकर आया। आया क्या, मैं सबकी मर्ज़ी के ख़िलाफ़ उसे लेकर आ गई।

यहाँ तकलीफ़ें बढ़ गईं और कमज़ोरी भी। हकीम साहब की मुश्तक़िल तश्ख़ीस[3] ये है कि दाँतों का फ़साद है, मैदे, जिगर का फ़े'ल[4] ख़राब है। सूखे की बीमारी भी इन्हीं हालात का नतीजा होती है।

हकीम साहब के इलाज से अब बफ़ज़्ल: इफ़ाक़ा[5] है, अलबत्ता शब-बेदारी[6] नहीं जाती। तुम्हारा बेटा जो ठहरा।

लश्कर मैं ज़रूर आ जाती मगर छुट्टी नहीं मिल सकती। तुमने जादू को बुलाया है, अगर मसलहतों को देखकर उसे लश्कर छोड़ना भी चाहूँ तो भी कम-से-कम एक हफ़्ता दरकार है। उसे वहाँ जमाकर वापस आना होगा।

---

1. उचित, 2. अपरिचय, 3. निदान, 4. काम करना, 5. बीमारी में काफ़ी आराम, 6. रतजगा।

वो ज़हीन[1] बच्चा है, नौ महीने मेरे साथ रहा है, मुझसे मानूस[2] है। रात को मेरे सिवा किसी के पास नहीं ठहरता। इस सवाल को छोड़कर कि मेरी ज़िन्दगी कैसी सूनी हो जाएगी, उसका आजकल लश्कर पहुँचना मुश्किल है। मुझे अक्तूबर में जुमे को भी काम करना है और हरगिज़ छुट्टी न मिलेगी।

ग्राइपवाटर ज़रूर भिजवा दो। हर फ़ीड के साथ दे रही हूँ। शहद, मीठे, लीमू, ग़रज़ जो कुछ मुफ़र्रिहात-व-मुक़व्वियात[3] दे सकती हूँ, दे रही हूँ।

नवम्बर तक अगर जादू अच्छा न हुआ तो फिर तुम्हारी ही परवरिश में देकर देखूँगी। नवम्बर में अपनी बची-खुची छुट्टी लेने का इरादा है। वर्ना दिसम्बर में लैप्स हो जाएगी। ज़ैदी के घरवाले यहीं हैं। ज़ैदी अभी वापस आए हैं। फ़ौरन अपने अब्बाजान मरहूम की ऊनी पतलून और एक निहायत फ़ैशनज़दा कमीज़ पहनकर क्लब गए! साहब आजकल सूट के नीचे बात नहीं करता! अक्तूबर की पहली से तुम्हारे इन्तिज़ार में दिन काटूँगी।

ख़त ज़रूर लिखना, ये नहीं कि खफ़ा ही रहो। लखनऊ का तो हाल नहीं लिखती, दुखे हुए दिलों को और क्या दुखाऊँ।

तुम्हारी
सफ़्फ़ो

1. तीव्र बुद्धि, 2. मुहब्बत करनेवाला, 3. दिल और दिमाग़ को शक्ति देनेवाली दवाएँ।

दारुस्सिराज,
लखनऊ
4 नवम्बर, 1945

अख़्तर अज़ीज़!

तुम्हारा ख़त मिला।

तुम घर पर तन्हा और परेशान, आख़िर तुम्हारी लड़ाई फ़ातमा बहन से किस बात पर हुई? मेरी समझ काम नहीं करती मेरी जान कि तुम्हें इस बारे में क्या और क्योंकर समझाऊँ, तुम्हें या फ़ातमा बहन को, क्योंकि ज़िम्मेदार ग़ालिबन तुम दोनों ही होगे।

मुझे नहीं मालूम कि तुम ख़ुद को इस दर्जा परेशान क्यों कर रहे हो, मगर फिर भी चाहती हूँ मेरे दोस्त कि ज़िन्दगी को इतना बेसुकून न करो। ज़िन्दगी से निबाह किया जाता है अख़्तर, ज़िन्दगी हमसे नहीं निबाहती। फिर आख़िर निबाहने से घबराते क्यों हो? जो हालात हैं वही ग़नीमत हैं, उनसे निकलकर कहीं ज़्यादा परेशान न हो जाओ। ये तो सोचा होता। तुम इस दौर से भी भागकर अब कहाँ जाना चाहते हो, मुझे नहीं मालूम। बहरहाल जिस तरह हो, और जिस कैफ़ीयत में, मैं तुम्हारी शरीक हूँ, तुम्हारे ग़म की उतनी ही, जितनी तुम्हारी ख़ुशी की। मुझे ये जानने की ज़रूरत नहीं कि तुम किस रास्ते पर जा रहे हो, मुझे इतना मालूम है कि जिस तरफ़ भी जा रहे हो मैं तुम्हारे

साथ हूँ, अलबत्ता अख़्तर, इसके बाद मुझे इतना इख़्तियार ज़रूर दो कि अगर तबाही के ग़ार[1] की तरफ़ बढ़ रहे हो तो मैं तुम्हारा हाथ पकड़कर रोक सकूँ। फिर यही कहती हूँ कि अपने को तबाह न करो और अपनी ज़िन्दगी को बेचैन न बनाओ अख़्तर। तुम्हारी बेसुकूनी से मेरी ज़िन्दगी भी बेचैन हो जाती है।

जी चाहता है कि तुम तक आ सकती और तुम्हें और फ़ातमा बहन को बहुत प्यार करके मुहब्बत और मिन्नत से समझाती, मगर मजबूर हूँ और हद दर्जा मजबूर। 'जादू'[2] अब तक अच्छा नहीं है। मुस्तक़िल तीमारदारी और नाज़बरदारी[3] करवा रहा है।

आओ मैं तुम्हारी बेक़रार रूह से रब्त[4] पैदा कर लूँ और एक लम्हे के लिए वो बन जाऊँ जो तुम हो।

तुम्हारी
सफ़िया

---

1. गड्ढे, २. जावेद अख़्तर का घर का नाम, 3. नख़रे उठाना, 4. तारतम्य।

मुस्लिम यूनिवर्सिटी
अलीगढ़
8 फ़रवरी, 1946

मेरे अपने अख़्तर

बहुत से प्यार।

मैंने कई दिन से तुम्हें ख़त नहीं लिखा, तुम्हें ग़ुस्सा ज़रूर होगा। मैंने पिछली मर्तबा शायद तुम्हें लिखा था कि जादू के चेहरे पर दाने निकल आए हैं। उनके मुख़्तलिफ़ इलाज करती रही मगर इफ़ाक़ा न हुआ। आख़िर बुख़ार आया और सीना वग़ैरा बुरी तरह जकड़ गया। सख़्त परेशानी और मेहनत का सामना था, पता चला कि साहबज़ादे को चिकन पॉक्स निकली हुई थी। जिसकी मुझे अख़ीर तक पहचान न हुई। बहरहाल बख़ैर गुज़िश्त[1]!

शुक्र है कि अब अच्छा है और खुरंड बँधकर दाने ठीक हो गए हैं। इन्हीं परेशानियों में तुम्हें लिखने की नौबत न आ सकी, गो कि मेरी ज़िन्दगी का हर लम्हा गवाही देने को तैयार है कि तुम्हें ज़्यादा ही याद किया! नुमाइश भी गई किसी-न-किसी! मगर क्या लुत्फ़ आता, ख़ाक!

1. कुशलतापूर्वक गुज़र गया।

तुम न आ सके, मैं जानती हूँ कि छुट्टी न थी, मगर अक़्ल के ख़िलाफ़ दिल हर वक़्त ये कहता था कि कालिज से वापसी पर कमरे में तुम्हें ज़रूर पाऊँगी, कितनी लतीफ़[1] थी ये आरज़ू जिस समेत मैं न मालूम कितने दिन कालिज से वापस हुई हूँ। बहरहाल तुम दिल न दुखाओ। मैं तुम्हारी ख़ातिर ख़ुश हूँ।

ग्वालियर का और तुम्हारी ज़िन्दगी का तसव्वुर[2] करके अलबत्ता कैसी उलझन सी होती है। मेरी क़िस्मत में कभी ये होगा कि तुम्हारी ज़िन्दगी में कुछ शिगुफ़्तगी[3] ला सकूँ? उस दिन के इन्तिज़ार में जीती हूँ दोस्त!

रुपए भी आज मिले। तुमने अपने को तकलीफ़ पहुँचाकर मुझे पैसे क्यों भेजे? मैं किसी-न-किसी तरह गुज़ारा कर ही लेती हूँ। बहरहाल इस एहसास में कैसी मसर्रत है कि मेरा कोई कफ़ील[4] भी है।

हमीदा न आ सकी। अम्मा का ऑपरेशन तय हो गया है, वो ग्यारह को अम्माँ समेत ख़ैराबाद जा रही है—अब्बा भी जा रहे हैं। हो सके तो तुम एक ख़त भाई ज़फ़र को लिख दो कि वो ख़बरगीर[5] रहें।

फ़ातमा बहन की अलालत[6] की तफ़्सील भी तुमने न लिखी। आज ही मैं हनीफ़ा को ख़त लिख रही हूँ, क्योंकि फ़ातमा बहन से बरवक़्त[7] जवाब की तवक़्क़ो[8] ज़रा कम ही है। आजकल मुझे गर्ल्स कालिज की दौड़ लगानी पड़ रही है। सुब्ह पौने नौ बजे पहुँचना और दो बजे वापस पहुँचना होता है। जादू पर अपने से ज़्यादा रहम आता है कि मेरी हालत भी अनक़रीब[9] क़ाबिले रहम होनेवाली है। थकन तो मुझे अभी से बहुत आ जाती है, मगर शुक्र कि अभी राज़ 'दरे परदा'[10] ही है वर्ना ख़ासी शर्मिन्दगी सी रहती।

अच्छा और क्या लिखूँ? हाँ नुमाइश से तुम्हारे लिए क्या लूँ!

आओ प्यार लो।

तुम्हारी

सफ़्फ़ो

---

1. मज़ेदार, 2. कल्पना, 3. खिलावट, 4. पोषक, 5. ख़बर रखनेवाला, 6. अस्वस्थता, 7. समय पर, 8. उम्मीद, 9. जल्दी ही, 10. छुपा हुआ।

ट्रेनिंग कालिज, अलीगढ़
23 फ़रवरी, 1946

अख़्तर मेरे,

ख़ुदा करे तुम बआफ़ियत[1] व ख़ुश हो।

मैं तुम्हें कल भी ख़त लिखने का इरादा करती रही मगर फिर बात रह गई, नतीजा ये हुआ कि अपने पर ग़ुस्सा आता रहा, बहुत देर तक।

तुम्हारा ख़त अभी मिला। मुझे ख़ुद कोफ़्त[2] थी कि मैंने ख़्वामख़ाह तुम्हें परेशान कर दिया होगा। तुम फ़िक्रमन्द न हो। मुझे कमज़ोरी ज़रूर हो गई है जिसके लिए मैं दवा से ज़्यादा ग़िज़ा[3] की क़ायल[4] हूँ, चुनांचे दो-तीन दिन से मैंने बाक़ायदा दूध पीना शुरू कर दिया है और ज़्यादातर आराम की थ्योरी पर अमलपैरा[5] हूँ। दरअस्ल एक-डेढ़ महीने में मेहनत बहुत करनी पड़ी। उसका असर सेहत पर बहुत नाख़ुशगवार[6] पड़ा। तुम क़तई फ़िक्रमन्द न हो। अगर ज़रूरत होगी तो मैं डॉक्टर से मशविरा कर लूँगी, मगर डॉक्टरी दवाएँ हमेशा मेरे लिए गर्म और इसीलिए नामुनासिब[7] साबित होती हैं।

---

1. सकुशल, 2. दुख, 3. ख़ुराक, 4. माननेवाली, 5. अमल करनेवाली, 6. बुरा, 7. अनुपयुक्त,

मैं दूध और फल वग़ैरह के इस्तेमाल से अपने को ठीक करने की कोशिश कर रही हूँ और तुम्हारे आने पर बिल्कुल तन्दुरुस्त हूँगी।

तुमने मुझे अपनी ख़ैरियत भी नहीं लिखी, अब क्या हाल है? ज़ख़्म बाक़ी है या भर गया? कालिज का जाना तो बराय नाम[1] ही रह गया, मगर पाबन्दी से तो निजात[2] नहीं, ये और भी बुरा है। शाइरी का क्या रंग है? कुछ-न-कुछ कहते ही रहो।

यहाँ का हाल : 'गए हो जब से यहाँ सुब्होशाम ही न हुई' वाला मज़्मून है। कभी-कभी रात को जब रहमान भी तफ़रीह की ख़ातिर छुट्टी लेकर बाहर चला जाता है और मैं और जादू कमरे में तन्हा होते हैं तो सचमुच अपने पर रहम सा आने लगता है।

ख़ैर, मेरे लिए तो तुम्हारा जादू ही बहुत है। इस क़दर शरीर और ऊधमी हो गया है कि मेरे काबू में नहीं आता। जितनी देर सोता है, अम्न महसूस होता है। कल स्वान इंक की भरी शीशी ज़मीन पर उलटकर सारे जिस्म पर ख़ूब स्याही फेरी और रोशनाई ख़ूब जी भर के चाटी। इस वक़्त ऐसा मासूम बना सो रहा है जैसे मोअल्लिमुल-मलकूत![3]

आज तेईस तारीख़ है। अब से चौदह दिन बाद तुम मेरे पास होगे न? ये दिन तो गिन-गिनकर काट दूँगी।

अच्छा प्यार लो।

तुम्हारी
सफ़िया

---

1. नाम मात्र, 2. छुटकारा, 3. फ़रिश्तों को पढ़ानेवाला।

ट्रेनिंग कालिज, अलीगढ़
21 मार्च, 1946

अख़्तर,

कैसे हो? ख़त लिक्खा?

अच्छा हुआ तुम ग्वालियर पहुँच गए।

अय्यूब ने वही हिमाक़त की थी जिसका तुम्हें अन्देशा था। अय्यूब का ख़त कल मुझे मिला। अपनी ख़ैरियत लिखो, जी चाहे तो मुझे बुला लो।

तुम किसी तरह परेशान न होना। मेरी ज़िन्दगी तुम्हारे तसव्वुर से आबाद है, गो कि बज़ाहिर सूनी और बेकैफ़[1] है। आओ मेरे सर को अपने सीने पर टिक जाने दो। फिर मैं अपने सब ग़म भूल जाऊँगी। जादू तुम्हें प्यार करता है।

तुम्हारी
सफ़िया

---

1. बेमज़ा।

मुस्लिम यूनिवर्सिटी
अलीगढ़
30 अप्रैल, 1946

अख़्तर,

ख़ुदा करे तुम बआफ़ियत हो।

इधर दो-तीन दिन से मैंने तुम्हें ख़त नहीं लिखा, तुम्हारा इतना प्यारा ख़त पाकर भी, जिसकी मुस्तहिक़[1] मैं आजकल न थी।

जादू का हस्बे-दस्तूर[2] नवाँ दाँत उभर रहा है और बुख़ार आना शुरू हो गया है। बढ़ाई बहुत काफ़ी ख़राब हो रही है।

अब कब आओगे मेरे पास? न जाने कितने हसीन तसव्वुर और सुहाने ख़्वाब तुम्हारे इस्तक़बाल[3] के लिए मुन्तज़िर[4] हैं, ये मेरी दूरी तो कभी दूर होती नज़र ही नहीं आती।

क्या सचमुच बम्बई जाओगे? मुझे इस बदहाली में छोड़कर?

अय्यूब की वजह से किताबें वग़ैरा मँगवाने में आसानी हो जाती है। 'उमराव जान अदा' कहीं से हासिल नहीं हो रही है। 'यादगारे-ग़ालिब' अगर वापस न की हो तो साथ लेते आना और हाँ मसऊद रिज़्वी की किताब

---

1. हक़दार, 2. दस्तूर के मुताबिक़, 3. स्वागत, 4. प्रतीक्षारत।

'हमारी शायरी' अगर कहीं से मिल जाए तो वो भी! शायरी के पर्चे की तैयारी में तुम्हारी मदद की अशद ज़रूरत है। मैं अभी से कहे दे रही हूँ कि इस मर्तबा मेरा उस्ताद बनना ही पड़ेगा। वैसे तो तुम्हारी उस्तादी मुझे हमेशा तस्लीम है।

ख़त लिखो और लिखो कि कब आ जाओगे। अब मुझसे इन्तिज़ार न हो सकेगा। आख़िर इस तन्हाई की कोई हद भी है मेरे ख़ुदा!

आओ प्यार कर लूँ।

तुम्हारी
सफ़्फ़ो

मुस्लिम यूनिवर्सिटी
अलीगढ़
22 अक्तूबर, 1946

अख़्तर अज़ीज़!

तुम्हारा हाल कई दिन से मालूम नहीं हुआ। जी बुरी तरह परेशान है। कहीं मुझसे ख़फ़ा तो नहीं। मैं बेमौत मर जाऊँगी। मेरे लिए यही कोफ़्त क्या कम है कि तुम तक पहुँच नहीं सकती। ख़ुदा करे तुम्हारी ख़ैरियत जल्द मालूम हो जाए वर्ना मैं जिस तरह होगा चल पड़ूँगी। मुझसे ये बर्दाश्त नहीं होता।

हाँ रेडियो की तक़रीर के लिए अपनी मर्जी लिखो। वैसे तुम्हें पसन्द न आए तो इनकार भी मुमकिन है। अख़्तर अंसारी की फ़र्माइश आई है कि पहले मैं तक़रीर लिखकर भेज दूँ। उसकी रू[1] से वो ख़ुद लिखेंगे। मेरी दुश्वारी[2] कम होने की बजाय दो चन्द हो गई है।

जादू हर वक़्त ऊधम पर नज़र आता है। न जाने कहाँ की ज़िन्दगी इसमें कूट-कूटकर भर गई है। आफ़ताब से काफ़ी मानूस[3] हो गया है।

---

1. अनुसार, 2. कठिनाई, 3. हिल-मिल जाना।

बाज़ वक़्त ऐसे मुहब्बत भरे अन्दाज़ में ख़ुद ही लिपट-लिपटकर मुझे प्यार करता है कि मुझे तुम्हारा शुब्हा[1] होने लगता है। मैं तुम्हारे हिस्से के प्यार भी उसी को कर लेती हूँ।

फ़ातमा बहन की तबीयत कैसी है? मेरा प्यार कहो और ख़त का तक़ाज़ा करो।

तुम्हारी
सफ़्फ़ो

---

1. सन्देह।

मुस्लिम यूनिवर्सिटी
अलीगढ़
16 नवम्बर, 1946

अख़्तर मेरे (और फ़ातमा बहन)

ख़ुश तो हो?

इस तरफ़ मैंने तुम्हें बहुत ही कम ख़त लिखे। मैं जानती हूँ कि तुम मेरे लिए बराबर परेशान रहते होगे। मेरी इधर ये हालत है कि जिस मूड में बेशतर[1] वक़्त गुज़रता है वो तुमसे मुख़ातबत[2] के लिए मोज़ूँ[3] ही नहीं मालूम होता। जी चाहता है कि तुमसे बातें करते वक़्त तुम्हारे अलावा सब कुछ भूल चुकी हूँ मगर आजकल ग़मे-रोज़गार ग़मे-इश्क के बराबर ही शदीद मालूम हो रहा है। सियासी फ़ज़ा के तकद्दुर[4] ने ज़ेहनो-दिमाग़ को माऊफ़[5] कर रखा है। मैं तो बहुत कुछ मज़बूती से दिन गुज़ारती हूँ। मुहलत ही कहाँ है जो चीज़ों की एहमियत पर ग़ौर करूँ, अलबत्ता तमाम लोग अलीगढ़ के पूरी-पूरी रात जागकर गुज़ारते हैं। दो-एक दिन तो ये शक्ल थी कि हर लम्हा यही अन्देशा होता था कि अब यूनिवर्सिटी पर शहरवालों ने हमला किया और अब किया—आफ़ताब होस्टल में औरतों और बच्चों

---

1. ज़्यादातर, 2. सम्भाषण, 3. उचित, 4. गँदलेपन, 5. दूषित।

को मुन्तक़िल[1] होना क़रार पा गया था, बहरकैफ़[2] इस हालत में भी अपने बच्चे को लेकर नौकर के साथ शहर गई, डॉक्टर को दिखाने। सड़क पर गोरे सिपाहियों का पहरा था। मशीनगन वाली लारियाँ मुस्तक़िल चक्कर लगा रही थीं। मुझे रह-रहकर अपने जुर्म का एहसास होता कि तुम पास होते तो मुझे हरगिज़ न जाने देते! लेकिन ये भी तो तुम्हारी ख़ातिर किया था दोस्त!

बच्चे की कैफ़ियत : ये बच्चा वाक़ई तरहदार[3] पैदा हुआ है, जिस दिन से दुनिया में आया है सैकड़ों रुपयों और बेशुमार आँसुओं का ख़ून करा चुका है। हनोज़[4] न इधर है न उधर। बड़े ज़ोरदार तरीक़े पर इलाज क़ायम है। अजमल ही का इलाज क़ायम है। बदलते हुए भी तो डर मालूम होता है। इस क़दर कमज़ोर हो गया है जैसे एक महीने का बच्चा। अम्माँ जान मेहनत काफ़ी कर लेती हैं ताहम[5] सारी फिक्रों का बोझ तो मुझी पर है। कल से बदहज़्मी में मुब्तला हैं। खाँसी की शिद्दत तुम देखो तो डर जाओ।

छुट्टियाँ पच्चीस नवम्बर से शुरू होनेवाली थीं। ख़्याल था कि जिस तरह हुआ ग्वालियर चली आऊँगी, बाद में देखा जाएगा। अब दो मुश्किलात सामने हैं (1) बच्चे को इस हालत में लेकर सफ़र कैसे करूँगी। सर्दी के असर से कहीं और लेट गया तो ज़िन्दगी की उम्मीदें ही ख़त्म हैं, (2) सियासी हालात को देखते हुए मुमकिन है कि गर्ल्स कालिज बन्द न हो, क्योंकि इन हालात में लड़कियों का सफ़र करना हद दर्जा[6] नामुनासिब है। गर्ल्स कालिज बन्द न हुआ तो मेरा काम भी जारी रहेगा और इस तरह मेरी मौजूदगी भी ज़रूरी होगी!

फ़ातमा बहन की भेजी हुई साड़ियाँ और तुम्हारी भेजी हुई मुलाज़िमा[7] पहुँची, तुग लोग इस तरह चाहने लगते हो तो मुझे अजीब तरह की मसर्रत[8] का एहसास होता है। मुझे तो किसी तरह की फ़िक्र न होना चाहिए। मेरे लिए फ़िक्रमन्द होनेवाले और भी मौजूद हैं! हैं न? साड़ियाँ पसन्द आईं लेकिन

---

1. एक स्थान से दूसरे पर जाना, 2. जैसे भी बने, 3. नाज़ नखरोंवाला, 4. अभी तक, 5. तो भी, 6. बेहद, 7. नौकरानी, 8. आनन्द।

इस बात पर ग़ुस्सा ज़रूर आया कि नीली साड़ी के इन्तेख़ाब[1] के वक़्त फ़ातमा बहन ये क्यों भूल गईं कि सफ़िया के यहाँ ख़ुद ही रंग की ज़्यादती है। बहरहाल उनके हुस्नेज़न[2] की दाद देनी ज़रूरी है कि इतना गहरा नीला पहनने की सलाहियत[3] भी मुझमें बाक़ी है।

अच्छा अख़्तर दुआ करो कि मेरा बेटा अच्छा हो जाए। मेरी दौलत तो यही कुछ है। मेरी ज़िन्दगी इन्हीं बैसाखियों पर क़ायम है।

प्यार।

तुम्हारी
सफ़्फ़ो

---

1. चुनाव, 2. सौन्दर्यानुभूति, 3. योग्यता।

दारुस्सिराज, लखनऊ
17 जनवरी, 1947

अख़्तर,

कल भी एक ख़त पोस्ट कर चुकी हूँ। मिज़ाज कैसा है? आज मेरे जादू की सालगिरह है। वो सुब्ह मुझे याद आ रही है जब तुमने मुझे अस्पताल पहुँचाया था। मैं इस ज़बरदस्त आदूद[1] होनेवाले फ़र्ज़ को खेल समझकर हँसती हुई ताँगे में चल दी थी।

आज जादू इतना बड़ा नज़र आ रहा है। अपने मीठे बोलों से मेरा दिल बहला लेता है। छोटे बच्चे का हाल ठीक नहीं। सख़्त कमज़ोर व नातवाँ[2] हो रहा है। निसार कल शाम वापस आ गए। मालूम हुआ कि देहली पहुँच गए थे। मुन्नी अच्छी तरह है। मेरी वार्डनशिप का मसला कल से चल निकला है, देखो ख़त लिखो और जल्द लिखो।

मैं जब तक तुम्हारी तहरीर न देख लूँगी। सख़्त परेशान रहूँगी। ज़्यादा प्यार।

तुम्हारी
सफ़िया

---

1. लागू, 2. अशक्त।

दारुस्सिराज, लखनऊ
4 मई, 1947

मेरे अपने अख़्तर!

इतने दिनों बाद तुम्हारी तहरीर देखने में आई। तुम जानते भी हो कि इस ख़त को कितनी बार पढ़ा? मैंने तुम्हें अपनी रसीद से मुत्तला करने के लिए लिखा ज़रूर था लेकिन यहाँ आकर भी हालात रू-ब-इस्लाह[1] न हुए। मैं होंठ की तकलीफ़ में मुब्तला रही। फिर छोटे साहिबज़ादे अलील[2] हुए। बहरहाल दिमाग़ी तौर पर ख़त तामीर[3] होते रहे, पै दर पै[4] लेकिन तहरीर की नौबत नहीं आई।

तुम्हारा एक्सप्रेस डिलीवरीवाला ख़त अलीगढ़वालों ही ने हज़्म कर लिया, मुझ तक नहीं पहुँचा। मुझे अब इल्म हुआ कि तुम फिर तातीलात[5] बाहर ही गुज़ारने का क़स्द[6] कर रहे हो। यहाँ तो राज़ी-ब-रजा-ए-दोस्त[7] वाला मज़्मून है। जहाँ रहो ख़ुश रहो और तन्दुरुस्त। यही मेरे लिए सब कुछ है। मेरी ज़िन्दगी का मसरफ़[8] ही क्या सिवा इसके कि वो तुम्हारी ख़ुशी के रास्ते में काम आए और आ सके। बहरहाल आजकल तो लखनऊ हूँ।

---

1. सुधार की ओर, 2. बीमार, 3. निर्मित, 4. एक के बाद एक, 5. छुट्टियाँ, 6. इरादा, 7. दोस्त की रज़ा में राज़ी, 8. उद्देश्य।

बहुत सी फ़िक्रों और परेशानियों से फ़ुर्सत है। दिल की दुनिया भी सूनी तो नहीं कही जा सकती। तुम्हारी याद से इस सियाह ख़ाने में हरदम रौशनी रहती है। दिन में कितनी मर्तबा एक हल्की सी तिश्ना[1] मुस्कुराहट समेत तुम अपनी सूरत नज़रों के सामने झलका जाते हो और बस।

अलीगढ़ कैसे आना हुआ! निसार का काम कैसे चल रहा है? मुझे उसकी पढ़ाई के मुताल्लिक़ फ़िक्र है। लखनऊ आने को जी नहीं चाहता? मैं शिकायत न करूँगी। अपने ख़्याल से न सही मेरे ही ख़्याल से चले आओ। तुम जानते हो कि तुम्हारी अदना सी इनायत भी मुझे किस दर्जा ख़ुश कर देती है, फिर ये तो बड़ी बात होगी। आ जाना जबकि तुम लिख भी चुके कि आओगे। मुझे रह-रहकर यही शुब्हा है कि अख़ीर में दो-एक माज़रती[2] जुमलों के साथ लिक्खोगे कि लखनऊ आना फ़िलहाल मुमकिन नहीं। मेरा क्या, अक्सर जी मसोसकर रह जाती हूँ। एक बार और सही। लेकिन तुम जादू को भी तो न देख सकोगे। तुम समझ नहीं सकते कि वो कितनी दिलचस्प बातें करने लगा है। दुनिया-भर के जानवरों से बिरादराना[3] ताल्लुक़ात रखता है और उनकी नक़लें करता है। ख़ुद पाइप मुँह में लगाकर ऐनक आँखों पर जमाकर कुर्सी में मामू साहब[4] बनकर बैठता है और घंटों अख़बार का मुताला[5] करता है। ग़रज़ बच्चा क्या है, एक्टर है।

बहरहाल ख़ामोश न रहना, जैसा कुछ हो मुत्तला[6] करना। फ़ातमा बहन तो अच्छी तरह हैं?

यहाँ के हालात क्या लिखूँ, गर्मी और परेशानी, बच्चों के हंगामे और एक मुस्तक़िल सी बेकैफ़ी, इसके सिवा यहाँ क्या रखा है।

बहुत से प्यार मेरी जान।

तुम्हारी
सफ़्फ़ो

---

1. प्यासी, 2. खेदजनक, 3. भाईचारे, 4. अन्सार हारूनी, 5. अध्ययन, 6. सूचित।

दारुस्सिराज, लखनऊ
15 मई, 1947

मेरे अख़्तर!

बहुत-बहुत प्यार,

तुम्हारा ख़त कल शाम पहुँचा। मेरा दूसरा ख़त तो अब तक तुम्हें मिल गया होगा। तुम इस दर्जा परेशान हो जाओगे, अगर मुझे ये मालूम होता तो मैं फ़िलहाल तुम्हें इसकी इत्तला ही न करती। ज़ाहिर है कि ख़तरे की बात तो गुज़र चुकी है। दो-तीन दिन ज़रा सख़्त गुज़रे, निगरानी और इलाज की बदौलत जल्द सँभल गई। अब तक़रीबन ठीक हूँ। दो-चार दिन बाद सफ़र के क़ाबिल भी हो जाऊँगी। घबराने की कोई ऐसी बात नहीं, जो कुछ गुज़रनी थी गुज़र गई। ये भी अच्छा हुआ। अलबत्ता अपनी लाइल्मी[1] व बेख़बरी पर हैरत सी है।

तुम्हारे प्रोग्राम की कोई तफ़्सील मेरी समझ में नहीं आई। तुमने पेशतर[2] ये लिखा था कि बम्बई का क़स्द[3] कर रहे हो। तार से मालूम हुआ कि एक माह अलीगढ़ रहोगे। अब पता नहीं जून का महीना कहाँ गुज़ारोगे। अगर ग्वालियर ही वापस जाओगे तो ज़ाहिर है मैं अलीगढ़ पहुँचने के बाद तुम्हारे

1. अज्ञानता, 2. पहले, 3. इरादा।

हमराह ग्वालियर जा सकूँगी। वर्ना दूसरी शक्ल में मुझे फिर लखनऊ ही लौटना होगा। अभी बीस-बाईस तारीख़ से क़ब्ल[1] मैं रवाना न हो सकूँगी। फिर इस मुख़्तसर[2] अर्से[3] के लिए अलीगढ़ आना मुनासिब होगा या नहीं, इसके मुताल्लिक़ तुम बेहतर समझ सकते हो। दूसरी बात ये है कि अंसार भाई आज नैनीताल जा रहे हैं, पहुँचने के बाद रिहाइश का इन्तिज़ाम करके हमीदा आपा और तुम्हें और मुझे वहाँ बुलाने का इरादा कर रहे हैं। इस सूरत में तुम अगर पसन्द करो तो तीन-चार हफ़्ते नैनीताल गुज़ारे जा सकते हैं। जून के वस्त[4] में अगर तुम ग्वालियर ही हुए तो मैं वहाँ पहुँच सकती हूँ, वर्ना लखनऊ वापस चली आऊँगी, गो कि नैनीताल का मसला फ़िलहाल तय नहीं है। लेकिन ये तजवीज़[5] बहरहाल क़ाबिलेग़ौर ज़रूर है। बहरहाल मैं तुम्हारी मर्ज़ी और ख़्वाहिश को मुक़द्दम[6] समझती हूँ। अगर तुम यही चाहते हो कि मैं अलीगढ़ आ जाऊँ तो मैं इसके लिए तैयार हूँ लेकिन सफ़र मेरे लिए बीस-बाईस तारीख़ से क़ब्ल मुनासिब न होगा। इलाज अभी मैंने बन्द नहीं किया है। ये बीमारी भी तुम्हारा अतीया[7], तुम्हारी निशानी ही थी।

यहाँ के हालात क्या लिखूँ। अब्बू[8] इनकम टैक्स में मुलाज़िम होकर कानपुर चले गए। अंसार भाई आज नैनीताल जा रहे हैं। हमीदा और अम्माँ कल एक हफ़्ते के लिए रूदली जा रही हैं। शायद जादू को भी साथ ले जाएँ। अब घर पर आपा और मैं रह गए। दिन गुज़ारते हैं। अच्छा है तन्हाई में आराम ही मिलेगा।

जादू के हालात सुनाने के नहीं, बस देख सकते हो। मस्त हैं बुरी तरह—बातें तो बेतहाशा बनाते हैं। पूछा जाता है : "तुम्हारा दादा कौन है?" जवाब मिलता है : 'स्तालिन', और तुम्हारे चचा का नाम : 'चचा दालिब'[9]।

चचा दालिब[10] का तज़किरा[11] हर वक़्त करते हैं और उनकी तस्वीर को लेकर नाचते रहते हैं। अब्बा के पास आने को राज़ी नहीं, क्योंकि उनके ख़्याल में अब्बा 'ताले-ताले'[12] हैं। छोटा बच्चा अच्छा है। रहमान के

1. पहले, 2. अल्प, 3. समय, 4. बीच, 5. प्रस्ताव, 6. ख़ास / प्राथमिक, 7. इनाम, 8. सफ़िया अख़्तर के भांजे, 9. ग़ालिब, 10. ग़ालिब, 11. ज़िक्र, 12. काले-काले।

सायाए-आतिफ़त[1] में पल रहा है। तुमने पहले ख़त ही न लिखा। अब जो लिखा वो इस दरजा सरासीमगी[2] के आलम में लिखा, कुछ पता नहीं कि फ़ातमा बहन भी अलीगढ़ आती हैं या नहीं? अगर शाहरुख़ और गुलरुख़ भी आई होंगी तब तो बड़ी चपक़लश[3] होगी। ज़िन्दगी कैसी गुज़र रही है? क्या-क्या तफ़रीहें मयस्सर हैं?

बहरहाल तुम जवाब में देर न करना। मेरे मुताल्लिक़ तो तरीक़ा-ए-कार मुनासिब ख़्याल करो, लिखो—तुम्हारे जी में आए कुछ दिन लखनऊ आकर मेरे साथ गुज़ार जाओ। मैं जून में, अगर तुम ग्वालियर हुए तो, ग्वालियर तुम्हारे पास आ जाऊँगी। नैनीताल जाना हो सका तो वहाँ आकर रह जाना, कुछ दिन ज़िन्दगी के अच्छे गुज़र जाएँगे—अगर इनमें से कोई बात भी पसन्द नहीं आई तो फिर लिखो, मैं अलीगढ़ आ जाऊँगी और इसके बाद जो मुनासिब समझोगे उसके लिए भी तैयार हूँ। गो कि अलीगढ़ आने के लिए कोई ख़ास जज़्बा आजकल पैदा नहीं होता जबकि पूरा साल-भर वहीं गुज़ारना है।

बहरहाल अब मेरी तबीयत अच्छी है, घबराने की कोई बात नहीं। फ़ातमा बहन अलीगढ़ हैं या नहीं? हों तो मेरा आदाब पहुँचाओ।

अफ़ीफ़ा, हनीफ़ा को प्यार।

जवाब की मुन्तज़िर

तुम्हारी
सफ़्फ़ो

---

1. मेहरबानी का साया, 2. व्याकुलता / बदहवासी, 3. आपाधापी।

मुस्लिम यूनिवर्सिटी
अलीगढ़
9 अक्तूबर, 1947

अख़्तर,

तुम्हारा ख़त आज सुब्ह मिला, मेरे पिछले ख़त भी तुम तक पहुँचे होंगे।

बशर को मैंने सामान समेत लखनऊ भेज दिया था, अब आज फिर लखनऊ ख़त लिख रही हूँ। अंसार भाई का कोई हिन्दू दोस्त मुझे तुम तक पहुँचा देगा। सवाल सिर्फ़ अलीगढ़ से छुट्टी करने का है, इसीलिए कराची से ऑफ़र आने का इन्तिज़ार था। अब अगर तुम पाकिस्तान जाना पसन्द नहीं करते और भोपाल का ख़्याल कर रहे हो तो फिर इतना ज़रूर और आज ही करो कि मेरा एपॉइंटमेंट लेटर मुझे यहाँ भेज दो ताकि उसे दिखाकर मैं हबीबुर्रहमान से छुट्टी ले सकूँ और रवाना हो जाऊँ। मैं आज ही से तैयार हो रही हूँ और यहाँ से छुट्टी मिलते ही बारह या पन्द्रह तक भोपाल पहुँच जाऊँगी। बहरहाल तुम मुझे क़तई तैयार समझो, कराची से ख़त आए या न आए, मैं पन्द्रह तक तुम्हारे साथ हूँगी—ठीक?

तुम कोफ़्त न करो। मैं इतना ज़रूर चाहती थी कि मुझे साल-भर की छुट्टी मिल सकती। वो भी न मिली तो अलीगढ़ को छोड़ना ही है। किसी तरह सही।

बहरहाल ज़्यादा क्या लिखूँ।

तुम्हारी
सफ़िया

ज़ेरे-लब

महबूब मंज़िल
भोपाल
22 दिसम्बर, 1949

अज़ीज़ अख़्तर!

शदीद इन्तिज़ार के बाद ख़त मिला। इस्तीफ़ा मैं आज प्रिंसिपल के पास न पहुँचा सकी, वो जा चुका था। कल सुब्ह ले जाऊँगी। तुमने इस्तीफ़ा दे दिया, अच्छा किया। एक तवील[1] ज़ेहनी कशमकश का ख़ात्मा यूँ ही मुमकिन था अगरचे[2] दूसरी ज़ानिब भोपाल की ज़िन्दगी की सहूलतें और कालिज की मुलाज़िमत[3] कशिशअंगेज़[4] थी। मेरी तबीयत की कमज़ोरी समझो या कुछ भी मेरे लिए ये फ़ैसला मुश्किल होता, बहरहाल तुमने अपने अज़्म[5] का सुबूत दिया। और सच जानो, मैं तुम्हारी फ़ौक़ियत[6] के एहसास से सर झुका देने पर तैयार हूँ।

तुम्हें कल ही पैसे रवाना करूँगी। तुम्हें इस तरफ़ से वाक़अतन[7] सख़्त तकलीफ़ होगी। बेतकल्लुफ़ हर ज़रूरत और हर परेशानी से मुत्तला करते रहो। हाँ, इस्मत आपा[8] के यहाँ एक आध माह गुज़ारा कर लो तो अच्छा है।

---

1. लम्बी, 2. यद्यपि, 3. नौकरी, 4. लुभावनी, 5. संकल्प, 6. श्रेष्ठता, 7. निश्चय ही, 8. इस्मत चुग़ताई।

शाहिद[1] से तुम्हारा पुराना ख़ुलूस है और इस्मत आपा को तुम्हारे कॉज़ से ख़ुलूस है। ज़ाहिर है कि इन लोगों पर तुम कभी बार[2] न होगे। इस तरह से सोचना तुम्हारी ज़्यादती होगी।

और—ख़ुद को किसी तरह मुतास्सिर[3] न करना, अच्छे-बुरे वक़्त सब गुज़र जाते हैं, परेशानी का मुक़ाबला अज़्म और इस्तिक़्लाल[4] से करना अख़्लाक़ी बलन्दी[5] की दलील है। जज़्बाती तौर पर अपनी बेरोज़गारी का सदमा न ले बैठना। ज़ाहिर है अगर तुम चाहो तो तुम्हारी ठाठदार मुलाज़िमत आज भी तुम्हारी मुन्तज़िर है, लेकिन ये तो अपनी च्वॉइस का सवाल है। इस पर ख़ुद ही जी को कुढ़ाना क्या? अपनी तन्दुरुस्ती की तरफ़ से लापरवाह होकर बुरी तरह दौड़-धूप में भी मत लग जाना। ख़ुदा न ख्वास्ता बीमार, हैरान होने की नौबत न आ जाए, मेरे दोस्त!

मैं तुमसे अलहदगी के दिन पूरी हिम्मत और पूरे इस्तिक़्लाल[6] से गुज़ार लूँगी। कालिज की दुनिया और घर की दुनिया सभी कुछ तो मेरे लिए उजड़ गया, मगर अख़्तर बहुत से लोग तो हमसे भी ज़्यादा परेशानियाँ उठा रहे हैं। हमें तो उनकी तरफ़ देखना होगा। अपने ग़म को मैं तूल नहीं दूँगी।

अख़्तर सईद[7] को मैंने आज बुलाकर गुफ़्तुगू की। ग़रीब बहुत ही मुतास्सिर सा हो गया। शहाब भी आज आए थे और पूरे वक़्त तुम्हारा ही ज़िक्र करते रहे।

भोपाल के हालात नागुफ़्ता[8] हैं। हर एक के घर की तलाशी ली जा रही है और मुख़्तलिफ़ लोगों को मुख़्तलिफ़ तरीक़े से परेशान किया जा रहा है। मेरे लिए मुजाज़िमत की कोई सूरत ज़रूर सोचते रहना। मैं हर छोटी-बड़ी मुलाज़िमत करने को तैयार हूँ। मुझे तुम्हारे साथ रहकर दुख भी सुख मालूम होगा। तुम सुल्ताना[9] से मुआमले का तज़किरा करना। शायद वो कुछ मदद कर सकें। अगर कोई उलटी-सीधी सूरत भी पैदा

---

1. शाहिद लतीफ़, 2. भार, 3. प्रभावित, 4. दृढ़ता, 5. नैतिक उच्चता, 6. दृढ़ता, 7. अख़्तर सईद एडवोकेट : सेक्रेटरी, अंजुमन तरक़्क़ीपसन्द मुसन्नफ़ीन, भोपाल, 8. न कहे जानेवाले, 9. सुल्ताना जाफ़री।

हो सकी तो मैं फ़ौरन ही तुम्हारे पास पहुँच जाऊँगी, हाँ, कपड़ों की तुम्हें तक्लीफ़ होगी। दो पाजामे बेसिले मैंने रख दिए थे, वो तुम इस्मत आपा की भांजियों से सिलवा लेना। शेरवानी कल ही मँगवाऊँगी और तुम्हें भेज दूँगी, अच्छा, बहुत से प्यार।

तुम्हारी अपनी
सफ़िया

भोपाल
23 दिसम्बर, 1949

अख़्तर अज़ीज़!

मैंने तुम्हारा इस्तीफ़ा नौशा साहब को सुब्ह ही बुलाकर दिया और उनसे कहा कि वो उसे प्रिंसिपल तक पहुँचा दें। मेरी हिम्मत कुछ नाकाम सी हुई। हस्बे-तवक़्क़ो[1] मुझे प्रिंसिपल ने बुलाया और कोई दो घंटे तक समझाता रहा। उसने कहा कि वो किसी क़ीमत पर तुम्हें हाथ से जाने देने को तैयार नहीं है और ज़बरदस्ती उसने मुझसे उनतीस तक की छुट्टी की और दरख़्वास्त दिलवा दी और इस्तीफ़ा नौशा साहब ही के पास रख दिया। मुझे हिदायत[2] की कि मैं ट्रंककाल करूँ और वापस आ जाने को कहूँ। बहरहाल ये थी दास्तान। अब तुम क्या सोचते हो अख़्तर?

यहाँ के सारे स्टाफ़वाली सख़्त मुतास्सिर हैं। ख़ुसूसन[3] गुप्ता साहब गुरुजी और शहाब को तुम्हारे जाने का शदीद अफ़्सोस है। आज मैं आपा[4] के पास गई थी, उनका इसरार है कि उन्हीं के पास चली आऊँ। मगर अख़्तर जिस घर को कैसी-कैसी चाहतों से बनाया था उसे तुम्हारी याद

1. आशा के अनुरूप, 2. निर्देश, 3. विशेष रूप से, 4. जाँ निसार अख़्तर की बहन।

से सँवारे रखने को जी ज़रूर चाहता है। आगे तुम्हारी जैसी मर्ज़ी होगी वही करूँगी। तुम अपना फ़ैसला जल्द ही लिख देना ताकि यकुम[1] तक उसकी तामील[2] कर सकूँ।

अंजुमन का इलेक्शन पर मुल्तवी[3] रहा। पिछली मर्तबा कोरम ही पूरा न हुआ था। सेहबा की अंजुमन डिज़ोल्व हो गई[4] ख़ुद अपनी ही अंजुमन से सेहबा, रुश्दी, वज्दी सबने इस्तीफ़े पेश कर दिए और क्या लिखूँ? इस्मत आपा को मेरा बहुत-बहुत सलाम, सीमा कैसी है?

तुम्हारी अपनी
सफ़िया

---

1. पहली, 2. आज्ञापालन, 3. स्थगित, 4. अंजुमन तरक़्क़ीपसन्द मुसन्नफ़ीन, भोपाल से अलहदगी इख़्तियार करने के बाद कुछ दिनों के लिए सेहबा लखनवी ने एक मुतवाज़ी (समानान्तर) अंजुमन क़ायम कर ली थी।

भोपाल
13 जनवरी, 1950

अज़ीज़ अख़्तर!

ख़ुदा करे तुम बआफ़ियत[1] हो।

आज एक हफ़्ता होने को आया। तुम्हारा कुछ हाल मुझे मालूम नहीं। सख़्त फ़िक्र है। मेरे लिए तुम्हारे ख़त की जो अहमियत हो सकती है इसका अन्दाज़ा तुम न कर सकोगे। अपना हाल लिखो, ख़्वाह वो परेशान ही क्यों न हो। पता नहीं तुम इस्मत आपा के यहाँ से मुन्तक़िल[2] तो नहीं हो गए!

यहाँ का दस्तूर वही है। मुस्तक़िल[3] सन्नाटा और ख़ामोशी, मेहनत और मसरूफ़ियत। निसार और नफ़ीस का साथ बहुत ग़नीमत है। घर की हर शै[4] तुम्हारी मुन्तज़िर ही मालूम होती है। बा'ज़ वक़्त तो सच जानो अब शुब्हा[5] होता है कि तुम आ ही गए। कब मिलना होता है देखो, फ़रवरी में ज़रूर आ जाना।

ख़त लिखो, मैं तुम्हारी ख़ामोशी की बर्दाश्त न पैदा कर सकूँगी।

बहुत से प्यार लो।

तुम्हारी अपनी
सफ़िया

---

1. सकुशल, 2. दूसरे स्थान पर जाना, 3. स्थायी, 4. वस्तु, 5. सन्देह।

भोपाल
24 जनवरी, 1950

अज़ीज़ अख़्तर!

आज कई दिन हो गए, न मैंने ही तुम्हें ख़त लिखा और न तुम्हारी कोई तहरीर आई।

आजकल एहसासात इस तरह कुचले हुए महसूस होते हैं कि क़लम उठाने की सकत[1] भी पैदा नहीं होती, बस वक़्त के धारे पर बेइख़्तियार[2] बहे जा रही हूँ, कोशिश और इरादे के बग़ैर। बा'ज़ वक़्त तो जुनून पैदा होने लगता है। फिर सोचती हूँ कि मैं माँ हूँ दो बच्चों की। और मुझे जामे नाक़िस[3] है तुम्हारी ज़िन्दगी में बेहतरी के इज़ाफ़े का, फिर क्या ये तसल्लियाँ काफ़ी नहीं, लेकिन सच जानो, 'उनसे मिलकर बढ़ गईं कुछ और भी बेताबियाँ' वाला मज्मून मेरे हक़ में दुरुस्त साबित हुआ है। तुम्हारे जाने के बाद से भोपाल काटने को दौड़ता है। कब ये तन्हाई का दौर ख़त्म होगा मेरे अल्लाह!

तुम ख़त नहीं लिखते। मेरी ढारस नहीं बँधाते। इस तन्हाई में तुम्हारा ख़त मेरे ज़िन्दा रहने के लिए हद्दे दर्जा[4] ज़रूरी है। इस तरह चुप-चुप न हो जाया करो।

---

1. शक्ति, 2. अनियंत्रित, 3. झूठा गुमान, 4. अत्यावश्यक।

तुम्हारे पैग़ामात आपा तक पहुँचा दिए थे। कल-परसों से वो यहीं आई हुई थीं। उनके एहतिमामात[1] भी निहायत बेढंगे हैं। ये मुहिम[2] सरअंजाम[3] हो सके जब ही जानो।

यहाँ क़ुद्दूस[4] और हनीफ़[5] वग़ैरा परसों दाख़िले ज़िन्दाँ[6] हो गए। आज आलिया अस्करी कालिज में हंगामा सर कराने में कोशाँ थीं। और मेरी पोज़ीशन सख़्त नाज़ुक हो रही थी। इन नाज़ुक हालात के साथ मेरी गुज़र यहाँ आइन्दा साल किसी तरह न हो सके। हाँ, गवर्नमेंट ने मेरे जूनियर लेक्चरार की जगह पर मुन्तक़िल[7] करने पर इत्तिफ़ाक़[8] नहीं किया। इत्तिफ़ाक़ात हैं ज़माने के।

इन तमाम बातों से बस कालिज से दिल उठता ही रहा है। बहरहाल तुम परेशान मत होना। मैं हर तल्ख़ी[9] को तुम्हारी ख़ातिर ग़वारा बनाने की सकत ख़ुद में पाती हूँ।

बेशुमार प्यार।

तुम्हारी अपनी,
सफ़िया

---

1. प्रबन्ध / आयोजन, 2. योजना, 3. क्रियान्वित, 4. और, 5. हमीदिया कालिज, भोपाल के दो होनहार छात्र, 6. जेल में प्रवेश, 7. तबादला, 8. सहमति, 9. कड़वाहट।

भोपाल
31 जनवरी, 1950

अज़ीज़ अख़्तर!

आज इकत्तीस हो गई और तुम्हारा कोई ख़त उन्नीस के बाद से मुझे नहीं मिला है। तुम मुझसे किसी बात पर नाराज़ तो नहीं? ग़ुस्से में भी तुम कभी इस तरह ख़ामोशी इख़्तियार नहीं किया करते थे। अख़्तर, मैं तो मर जाऊँगी, अगर तुम इसी तरह ख़ुतूत[1] में तसाहुल[2] बरतते रहे। अलीगढ़ फिर मेरे लिए अपनी सी जगह थी। भोपाल में तुम्हारे ख़त बग़ैर गुज़ारा मुमकिन नहीं, ख़त लिखो, ख़ैरियत लिखो।

दो-तीन दिन से मुझे बुख़ार है। आज भी कालिज नहीं गई। तिहाल[3] का फ़साद मालूम होता है। मज़मून मयतस्वीर मैंने जोश साहब[4] को भेज दिया है। तुम्हारी ग़ज़ल फ़रवरी में छप रही है। इस तरफ़ प्रकाश पंडित के कई पोस्टकार्ड आ चुके हैं। तुम ज़रूर कोई नज़्म भेज दो।

हाँ सुरूर साहब[5] को ख़त लिखा था, उनका जवाब आ गया है। पन्द्रह फ़रवरी तक आने को लिखा है। पन्द्रह फ़रवरी तक तुम भी आ

---

1. ख़तों, 2. सुस्ती, 3. तिल्ली / प्लीहा, 4. जोश मलीहाबादी—एडीटर रिसाला 'आजकल', देहली, 5. आले अहमद सुरूर—प्रोफ़ेसर, शोबाए उर्दू, लखनऊ यूनिवर्सिटी।

जाओ तो कैसी अच्छी बात हो। सुरूर साहब की मेज़बानी अच्छी तरह से हो सकेगी।

बहरहाल ख़त लिखो, तुम्हारी ख़ामोशी से सख़्त वहशत[1] है। पैसे अनक़रीब[2] भेजूँगी। नफ़ीस और निसार आदाब कहते हैं।

तुम्हारी
सफ़िया

---

1. भय, 2. शीघ्र ही।

भोपाल
3 मार्च, 1950

अज़ीज़ अख़्तर!

तुम्हारा ख़त मिल गया था। उसी दिन मनीऑर्डर भी कर दिया था। मगर एक परेशानकुन[1] ग़लती हो गई थी। आज तक फ़िक्र है। अपने पास उस वक़्त गिने-चुने रुपए थे। अम्माँ जान के पास उस्मान को भेजा। उन्होंने दूसरे दिन का वायदा किया। मजबूरन नफ़ीस के और अपने रुपए मिलाकर उसी दिन मनीऑर्डर रवाना किया। तार से भेजने के लिए पैसे बाक़ी न रह गए थे। लिहाज़ा हवाई डाक से भेजे। न मालूम तुमको कब मिले होंगे।

रशीदुज़्ज़फ़र साहब बम्बई गए हैं। और ताज में ठहरे हैं। उन्होंने बहुत ज़्यादा इज़्हारे-अफ़सोस[2] इस बात पर किया था कि तुम उनसे पिछली बार नहीं मिले। अबके तुम उनसे ज़रूर मिल लेना वरना मुझे शर्मिन्दगी होगी।

और क्या लिखूँ, गुज़र रही है। कल निसार ने मेरी घड़ी फेंक दी। कालिज इम्तेहान के हाल में लेकर गए थे। तुम्हारी ग़ैरमौजूदगी में हर

1. परेशान करनेवाली, 2. अफ़सोस ज़ाहिर करना।

छोटी-बड़ी परेशानी अहम[1] हो जाती है। तमाम रात रोकर ही गुज़ार दी। घड़ी खोने का ग़म इतना तो न होना चाहिए था।

तुम्हारी तनख़्वाह का बिल दफ़्तर हुज़ूर[2] से मंज़ूर होकर अब तक नहीं आया—देखो—

अच्छा

तुम्हारी
सफ़िया

---

1. महत्त्वपूर्ण, 2. फ़ाइनेंस डिपार्टमेंट, भोपाल।

भोपाल

17 मार्च, 1950

अज़ीज़ अख़्तर!

ख़ुदा करे तुम बआफ़ियत हो।

एक ख़त लिख चुकी हूँ। बम्बई के फ़सादात[1] की इत्तेला सुनकर सख़्त वहशत है। ख़ुदा के लिए तुम घर पर ही रहना। किसी ख़तरे में न घिर जाना। मेरा ख़ून यहाँ ख़ुश्क होता रहेगा। ख़ैरियत की इत्तेला जल्द-जल्द करते रहो।

आज अज़हर सईद भी आए थे। अख़्तर सईद की कुछ ख़ैरियत मालूम हो या मालूम कर सको तो वापसी डाक से इत्तेला दो। अज़हर ख़ुद बम्बई पहुँचने पर आमादा थे। मगर मैंने फ़िलहाल रोक दिया है।

यहाँ के हालात क्या लिखूँ। आजकल सेकेंड इयर के इम्तेहानात[2] हो रहे हैं। इन्वेजीलेशन का चक्कर है। वक़्त गुज़र रहा है। 24 अप्रैल आ चुके और मैं भोपाल से रवाना हो जाऊँ। फिर तुम मेरे पास आ सको। भोपाल तुम क़तई आने का इरादा न करना।

---

1. दंगों, 2. परीक्षाएँ।

कल सुब्ह ही ड्यूटी है। ग्यारह बज चुके हैं। मुझे तुम जानते हो कि नींद कितनी जल्द आ घेरती है। अब ख़ुदा हाफ़िज़, काश तुम्हें ख़्वाब ही में देख सकूँ।

बहुत से प्यार मेरे अपने अख़्तर।

तुम्हारी
सफ़्फ़ो

दारुस्सिराज, लखनऊ
10 मई, 1950

अज़ीज़ अख़्तर!

सुब्ह टी.एम.ओ. मिला और अभी-अभी ख़त पहुँचा। जिसके जवाब में यही लिखने को जी चाहता है—"यही है आज़माना तो सताना किसको कहते हैं।" मेरे वहमो-गुमान में भी ये बात न थी कि मेरा ये एतमाद[1] तुमको बरहम[2] कर देगा। तुम्हारे एहसास की नज़ाकतों[3] की नाक़द्री अक्सर मैंने अपने भोंडेपन से की है और हर बार तुमने मुझे माफ़ किया है। गो कि इस अज़ीयत[4] की तलाफ़ी[5] मैं न कर सकी जो तुमने ख़ुद को पहुँचाई है। यही कैफ़ीयत[6] इस मर्तबा भी है। मेरा ख़्याल ये था कि तुम मई में आओगे और ग़ालिबन[7] घर न मिल सकने की वजह से जून में हम सबको बम्बई न ले जाओगे। चुनांचे अगर तुम पसन्द करोगे तो जून के महीने में हमीदा वग़ैरा के साथ गुज़ार दूँगी। इसका तज़किरा मैंने पूरे भरोसे और एतमाद के साथ ख़त में कर दिया। मेरे दोस्त, तुम पहाड़ के पत्थरों से भी रश्को-रक़ाबत[8] रख सकते हो, ये अगर मैंने सोचा होता तो

---

1. विश्वास, 2. नाराज़, 3. कोमलता, 4. परेशानी, 5. पूर्ति, 6. हाल, 7. सम्भवतः, 8. प्रतिस्पर्धा और प्रतिद्वंद्विता।

मैं तुम्हें हरगिज़ ग़ुस्सा हो जाने और ग़म करने का मौक़ा न देती। बहरहाल अब तो मुझसे क़ुसूर हो चुका है। तुम नज़रअन्दाज़ करो। तीन माह किस इन्तिज़ार में गुज़र गए, मेरी ज़िन्दगी का एक लम्हा भी तुम्हारी याद और तुम्हारे तसव्वुर से ख़ाली न रहा। मैंने भोपाल की भयानक और तन्हा ज़िन्दगी तुम्हारे आसरे काट ली। मैं किस क़दर ख़ुश और मसरूर[1] थी कि तुम आओगे, मेरी सोती हुई तक़दीर जाग जाएगी। ये अन्देशा तक न था कि तुम इस तरह बरहम[2] हो जाओगे।

अख़्तर, तुम जानते हो कि मैं तुमसे ज़्यादा ज़िन्दगी में किसी चीज़ को अज़ीज़ करार नहीं दे सकती। फिर भी इस तरह ग़लतफ़हमियों से अपने को अज़ीयत[3] पहुँचाने के क्या मानी? मैंने सुब्ह ही इस्मत आपा के पते पर ख़त भेजा है तुम उसे ज़रूर जाकर ले आओ। मैं नैनीताल हरगिज़ न जाऊँगी। तुम इस ख़त के पाते ही चले आओ वर्ना यक़ीन रखो कि मैं बीस मई को तुम्हारे पास पहुँच जाऊँगी। फिर तुम्हें किसी तरह हम सबको रखना पड़ेगा, ये मैं न सोचूँगी।

मैं इस ख़त के पहुँचने के बाद ही से तुम्हारी आमद की मुन्तज़िर रहूँगी। घर का हर शख़्स ख़ासतौर पर जादू किस तरह तुम्हारे आने के ख़्याल से ख़ुश था—मुझे मेरे ऐश और सबको उनकी ख़ुशियों से महरूम[4] न करो, मेरे दोस्त, तुम्हारे दिल में बेपनाह वुस्अतें[5] हैं, तुम मेरी ख़ातिर चले आओ—फिर तो एक बार तुम्हारे गले में बाँहें डालकर तुम्हारे सीने पर गर्म-गर्म आँसू बहाऊँगी तो तुम मेरी तरफ़ से सारा ग़ुस्सा ख़त्म कर दोगे—इसका मुझे यक़ीन है। आज से नैनीताल का लफ़्ज़ हम दोनों की वोकेबुलरी से निकल जाना चाहिए। ये ख़फ़गी[6] भी याद रहेगी।

आओ मैं तुम्हारी लरज़ती हुई पलकों पर अपने होंठ रख दूँ। आओ मेरी आग़ोश तुम्हारे लिए खुली हुई है, तुम्हें यहाँ राहत मिलेगी और मुझे ज़िन्दगी : अपनी आमद की इत्तेला तार से दो। मैं स्टेशन पर आऊँगी।

---

1. नशे में, 2. नाराज़, 3. कष्ट, 4. वंचित, 5. विस्तार, 6. नाराज़गी।

ये सच जानो कि अगर तुम न आए तो मैं दीवानावार तुम तक पहुँच जाऊँगी। फिर ख़्वाह तुम मुझसे नाराज़ होकर वापस भेजने का इरादा क्यों न ज़ाहिर करो।

अच्छा अब कब आ रहे हो मेरे शायर! आज ही रवाना हो जाए।

तुम्हारी अपनी
सफ़्फ़ो

लखनऊ

23 मई, 1950

अख़्तर अज़ीज़!

ख़ुदा करे तुम बख़ैरियत पहुँच जाओ। अभी तुम को पहुँचाकर लौटी हूँ। दिल-दिमाग़ पर जाने कैसी कैफ़ीयत तारी है। ग़ुसलख़ाने में घुसकर नहाने के बहाने बहुत से आँसू बहा चुकी मगर तबीयत फिर भी उमड़ी चली आती है। तुमसे दूर मैं न रह सकूँगी। तुम मुझे अपने पास बुलाने की हर मुमकिन कोशिश करना। जून में अगर तुम्हारे आ सकने का ख़फ़ीफ़[1] सा भी इमकान[2] हो तो मुझे ज़रूर लिखो। मैं तुम्हारा इन्तिज़ार करूँगी। अगर तुम नैनीताल आने पर राज़ी हुए तो जाऊँगी, वर्ना हरगिज़ नहीं जाऊँगी। लखनऊ में रहूँगी ताकि तुम मेरे पास आकर कुछ दिन और गुज़ार सको।

अख़्तर! जून में फिर दस-बारह दिन के लिए निकल आओ। मेरे दिन सफल हो जाएँगे, आसाब[3] पर एक अजीब दहशत[4] सी तारी है। घर की हर चीज़ जो तुमसे वाबस्ता थी तुम्हारे इस तरह से जल्दी चले जाने पर फ़रियाद करती नज़र आती है। मेरे लिए ये ज़िन्दगी कैसी बेमज़ा और बेकार है इसका तुम अन्दाज़ा न कर सकोगे। ख़त लिखो, अपनी ख़ैरियत लिखो,

---

1. ज़रा, 2. सम्भावना, 3. स्नायुओं, 4. आतंक।

अपनी आमद के लिए कोशिश करो और इसके इम्कानात की इत्तेला दो, मैं लखनऊ में ही रहकर तुम्हारी मुन्तज़िर रहूँगी।

बहुत से प्यार, मेरे परदेसी साजन।

तुम्हारी दिल शकिस्ता
सफ़िया

नैनीताल
11 जून, 1950

अख़्तर अज़ीज़!

कल शाम कितने शदीद इन्तिज़ार के बाद तुम्हारा ख़त मिला। तुम्हारी बीमारी की इत्तेला से और तश्वीश[1] हो गई। मेरे ख़्वाब ग़लत न थे। मुझे यक़ीन था कि तुम परेशान होगे। शुक्र है कि अब बुख़ार गया। खाने-पीने की तरफ़ से बेख़बर न होना। मशीअत[2] ने कितना ज़बरदस्त फ़ासला हम दोनों के दरम्यान हायल[3] कर दिया है, मगर दिल से तो हम दोनों इस दर्जा नज़दीक हैं, जैसे कभी जुदा ही न हो सके थे। तुम्हारी बीमारी की रातों में अगर मैंने तुम्हारी पेशानी पर अपना हाथ न फेरा तो यहाँ तकिया आँसुओं से ज़रूर तर किया है। ये दिन भी गुज़र जाएँगे। ख़ुद को इस तरह दिल शकिस्ता[4] मत होने दो। तुम्हारा कोई लम्हा भी मेरी शिरकत[5] से ख़ाली नहीं होता। इसको अगर सच समझ सको तो तुम्हें बहुत तस्कीन[6] होगी।

मैं तीन-चार ख़त तुम्हें और इस दौरान में लिख चुकी हूँ। अगर तुम बआसानी भेज सको तो शॉल भर के पैसे भेज देना। मैं तुम्हारा तोहफ़ा समझकर ख़रीद लूँगी वर्ना दिल को मुतास्सिर मत करना।

---

1. चिन्ता, 2. रोज़गार, 3. आड़, 4. निराश, 5. हिस्सेदारी, 6. सन्तुष्टि।

तुम जून में न आ सकोगे? फिर इसका मतलब यही हुआ कि अगस्त के शुरू में आने का इम्कान है। अयाज़ को ख़त लिखूँगी कि प्रोग्राम अगस्त के दूसरे हफ़्ते में रखें। नैनीताल से तुम्हारे लिए क्या तोहफ़ा लाऊँ दोस्त? 'दावते शीराज'[1] का इन्तिज़ाम मकान से हदे दर्जा क़रीब है। आते-जाते तुम्हारी याद ज़रूर आ जाती है।

अख़्तर, मेरे सुकून की ख़ातिर ख़ुद को ख़ुश और ज़िन्दा रखो। तुम्हारी सोगवारी मेरे लिए किसी तरह क़ाबिले-बर्दाश्त नहीं होती। तुम ख़ुद को इस तरह मुज़महिल[2] न करो। पढ़ो, शे'र कहो, तफ़रीह करो। वो दिन भी आ जाएँगे जब फिर मैं तुम्हारे क़दमों में आ रहूँगी और फिर कोई ज़ालिम कुव्वत भी मुझे तुमसे जुदा न कर सकेगी।

कल फिर ख़त लिखूँगी और हर रोज़ तुम्हें मेरी एक तहरीर मिलती रहेगी। शायद तुम्हारी तबीयत इसी तरह बदल सके।

हाँ सोवियत लिटरेचर की दो-एक जिल्दें मुझे ज़रूर भेज दो। इन्तिज़ार रहेगा। बहुत से प्यार।

तुम्हारी
सफ़्फ़ो

1. अनौपचारिक खाना, 2. शिथिल।

नैनीताल
21 जून, 1950

अख़्तर अज़ीज़!

बेशुमार प्यार और बहुत सी दुआएँ।

कल शाम तुम्हारा सत्रह का लिखा हुआ ख़त पहुँचा, आँखों से लगाया और महफ़ूज़ कर लिया। ख़ासतौर पर इसलिए कि तुमने बच्चों को प्यार लिखा था। तुम्हें उनका प्यार हर वक़्त हासिल है। दिन में कई बार दोनों तुमको याद करते हैं। और तुम्हारी बातें करते हैं—"अब्बी क्या कर रहे होंगे? अब्बी कब आएँगे? हमारी सूरत अब्बी से मिलती है? हम अब्बी की तरह शे'र कहते हैं" वग़ैरा।

आज यहाँ से कूच का दिन है। हमीदा, सालिम और बल्ली[1] फल ख़रीदने गए हैं। मैं बच्चों के साथ घर पर हूँ। मेरे दाहिने गुर्दे में हल्का-हल्का सा दर्द हो गया है। न मालूम सर्दी से या किस बात से।

बच्चों की तस्वीरें उतरवाई हैं। आज बनकर आ जाएँगी। लखनऊ से तुमको भेजूँगी। एक तस्वीर बच्चों के साथ मेरी भी है। देखो कैसी आती है?

ये दिन भी कैसी महरूमी में गुज़र गए। हम दोनों की सोहबतें[2] कितनी

---

1. मिस ज़ुबैदा महमूद, 2. साथ,

रंगीन कितनी भरपूर और कैसी दिलचस्प होती हैं अख़्तर! हमने दोस्ती का लुत्फ़[1] एक-दूसरे से बहुत पाया है। मैंने ज़िन्दगी में तुमसे दोस्ती, रक़ाबत[2], सरपरस्ती[3], शफ़्कत[4], मुलायमत सभी चीज़ें पाईं। तुम्हें पाकर फिर मुझे ज़िन्दगी में किसी की भी ज़रूरत बाक़ी न रही। कितनी भटकी हुई ज़िन्दगी कितने मुतलाशी[5] जज़्बात को पनाह मिल गई अख़्तर! तुम मेरे लिए बहुत क़ीमती हो। ज़िन्दगी ही के बराबर! तुमसे ही जीना है और तुम्हीं से मरना। कितनी वाक़िअत[6] है हमारे साथ में और साथ ही कितना रूमान। तुम्हारे तसव्वुर ही से अक्सर मैं कितनी जज़्बाती[7] हो जाती हूँ और तुम्हारी तक्लीफ़ के ख़्याल से यहाँ रहकर भी कितने आँसू बहा लेती हूँ। तुम मत घबराओ दोस्त! तुम्हारे रंज-ओ-राहत[8] किसी चीज़ से अगर तुम लम्हे भर के लिए भी बेख़बर पाओ तो मुझे ज़हर देने का हक़ भी तुम्हें हासिल होगा।

अच्छा आज तक नैनीताल की पुरकैफ़[9] फ़ज़ा और ठंडी हवाएँ एक आरज़ूमन्द दिल की आग को सुलगाती रहीं। आज ये दर्द भी ख़त्म हुआ।

इस वक़्त पलंग पर कम्बल लपेटे दीवार से टेक लगाए बैठी ख़त लिख रही हूँ। एक तरफ़ जादू लेटा है, दूसरी तरफ़ उवैस। दोनों रह-रहके झटका देते हैं। मैं हिल जाती हूँ, जादू उठकर ख़त पढ़ने की भी कोशिश करता है। उवैस इससे बेनियाज़[10] है।

लखनऊ पहुँचते ही तुमको अपनी और बच्चों की ख़ैरियत से मुत्तला[11] करूँगी। दस-बारह दिन ही का क़याम वहाँ मुमकिन होगा। फिर तो भोपाल पहुँचना ही है। शाह मीर भोपाल रहने पर राज़ी हो जाए तो बहुत अच्छा है। तन्हाई बड़ी जानलेवा साबित होगी। ख़ुसूसन[12] बच्चों के लिए। शाह मीर की मौजूदगी में एक आध बार बच्चों को छोड़कर भी तुम्हारे पास पहुँच सकूँगी।

अयाज़ का कोई जवाब नहीं आया। लखनऊ आकर तफ़्सील[13] मालूम होगी। ख़ैराबाद उतरने का इरादा तर्क कर दिया है। अब तुम्हारे साथ ही जाऊँगी।

ख़लील साहब को मेरा आदाब कहना। बम्बई के सारे हालात लिखना।

---

1. आनन्द, 2. दुश्मनी, 3. संरक्षण, 4. स्नेह, 5. बरबाद, 6. वास्तविकता, 7. भावुक, 8. दुख-सुख, 9. नशीली, 10. बेपरवाह, 11. सूचित, 12. विशेषतः, 13. विवरण।

अपने औक़ात[1] और प्रोग्राम भी। ज़िन्दगी की बदमज़गी[2] कम करने का कोई आरज़ी[3] नुस्ख़ा सोचकर लिखूँगी, अगर तुम अपना तफ़्रीही शऊर[4] बेदार[5] रखने के लिए तैयार रहो दोस्त।

तुम्हारी अपनी
सफ़्फ़ो

---

1. समय आदि, 2. बेस्वाद, 3. अस्थायी, 4. घूमने-फिरने का सलीक़ा, 5. जागरूक।

लखनऊ
5 जुलाई, 1950

अज़ीज़ अख़्तर!

तुम्हारा एक प्यारा सा ख़त परसों शाम मुझे मिला था। तुम इस दर्जा बेचैन रहते हो कि तुमसे दूर रहकर ख़ुद से नफ़रत सी पैदा हो जाती है मेरी जान! मैं किस तरह तुम तक पहुँच जाऊँ।

मैंने कई दिन से तुम्हें ख़त नहीं लिखा। बड़ी परेशानी में घिर गई थी। उवैस को ख़सरा निकल आई। दिन-रात की ख़िदमत गुज़ारी थी। रातों को जाग-जागकर मेरी आँखें दुखने आ गईं। मैं तो डर गई थी कि कहीं दाने फूल न आएँ। शुक्र है कि अब दाने मुड़ गए हैं। अगर उवैस इस क़ाबिल हो गया तो आठ को ज़रूर रवाना हो जाऊँगी, वर्ना फिर छुट्टी के लिए तार देना पड़ेगा, जैसा कुछ होगा तुम्हें फ़ौरन इत्तेला करूँगी।

तुम्हारे ख़त से हस्बे-दस्तूर[1] बड़ी ढारस बँध गई है—तुमने लिखा है कि बच्चों को साथ ले जाकर इत्मीनान से घर रहो, मैं तुम्हारी हिदायत के मुताबिक़ ही करूँगी। मुन्नी को ख़त लिखा है, ख़ुदा करे वो मेरे पास रहने का फ़ैसला कर ले।

---

1. नियमानुसार।

अख़्तर, आओ मुझे अपने मज़बूत बाजुओं के हलक़े में जकड़ लो। मुझे भोपाल जाने के ख़्याल से कितनी वहशत है! वहाँ किसलिए जाऊँ? कौन मुन्तज़िर होगा मेरा? किसको पाकर घर छूटने का ग़म भूल सकूँगी? सिर्फ़ ये तसल्ली मुझे ले जा रही है कि "तेरे नज़दीक आ रहा हूँ मैं"—

आओ तुम्हारी गर्दन में बाँहें डालने को बेचैन हूँ दोस्त। बहुत से प्यार।

तुम्हारी अपनी

सफ़्फ़ो

महबूब मंज़िल, भोपाल
17 जुलाई, 1950
10 बजे शब

अख़्तर अज़ीज़!

आज सेहपेहर[1] तुम्हारी पन्द्रह की लिखी हुई तहरीर मिली। तुम्हारे पिछले ख़ुतूत भी मुझे मिल गए थे। गो कि एक ख़त ठेकेदार साहब की बेगम साहिबा के मुतालेअ[2] के बाद मुझ तक पहुँच सका, उस पर भी रश्क पैदा है!

बहरहाल, किताबों का पार्सल भी पहुँचा। कैसे प्यार और अनोखी मुहब्बत के साथ तुमने मुझे ये किताबें भेजी हैं दोस्त! तुम्हारी फ़िज़िकल एट्रेक्शन से भी हमेशा ख़ुद को कम ही पाया और आज तुम्हारे इस ज़ेहनी लगाव के बराबर भी ख़ुद को नहीं पाती। तुम्हारी बुलन्दियाँ[3] मैं न छू सकूँगी दोस्त! मैं वो रिफ़अतें[4] कहाँ से लाऊँ कि तुम्हारे बराबर ख़ुद को कर सकूँ। मैं उन अछूती बुलन्दियों की पूजा ही कर सकती हूँ। मैंने हमेशा तुम्हारे सामने सर झुकाया है और हमेशा सर ही झुकाऊँगी। तुम बहुत ऊँचे और बहुत प्यारे हो। और अपनी इस बुलन्दी ही के बाइस हमेशा-हमेशा अनअटैनेबल। तुम्हें हद से ज़्यादा पा लेने पर भी ये एहसास ग़ालिबन मुझे बाक़ी रहता है कि

1. तीसरे पहर, 2. पढ़ने, 3. ऊँचाइयाँ, 4. ऊँचाइयाँ।

तुम्हें नहीं पाया मगर तुम्हारा तआक़्क़ुब[1] करने से मैं कभी न थकूँगी दोस्त! तुम तक परवाज़ करने की कोशिश में मुझे लज़्ज़त है, राहत है।

मनीऑर्डर की रसीद तुम्हें गुज़िश्ता[2] ख़त में लिख चुकी हूँ। तुम्हारे भेजे हुए पैसे मुझे किस दर्जा ग़नी[3] बना देते हैं। मेरे ग़ुरूर की हद नहीं रहती तुम मेरे कफ़ील[4] हो और निगराँ[5]। बच्चे कैसे मुतहय्यर[6] निगाहों से ख़ुश हो-होकर देखते हैं। अब्बी ने इतने पैसे भेज दिए। इतने बहुत से क्यों भेजे हैं अम्मी और सुनो ईद की तीन दिन की छुट्टियाँ थीं, कैसा जी चाह उठा कि दो-चार दिन की छुट्टी और लेकर चल पड़ूँ। डेढ़ दिन तक पलंग पर लेट-लेटकर स्कीमें सोचीं। आख़िरश इस कशमकश का यही हल समझ में आया कि बच्चों की राहत के लिए अपनी और तुम्हारी खुशियों का ख़ून किया जाए और ये तीन दिन यहीं मरकर गुज़ार दिए जाएँ। कल का दिन ऐसी इख़्तलाजी[7] कैफ़ियत में गुज़रा कि न पूछो। हर लम्हा ऐसा महसूस होता था कि किसी इन्तिज़ार में घड़ियाँ गुज़र रही हैं। आज ईद थी, बच्चों की ख़ुशी करनी ही थी। तिस पर न सिवइयाँ पकाईं और न कपड़े बदले। दोपहर को ज़बरदस्ती इज़्ज़त अपने घर बुलाकर ले गए।

कुछ वक़्त वहाँ गुज़र गया। बक़िया अर्सा जैसा गुज़रा उसका बयान तुमसे मुमकिन है। जादू, उवैस हंगामे बरपा करते रहे। मौसम अलग जानलेवा साबित हो रहा है दोस्त। शायद तुम्हारे अब्बा के हाथ की लिखी हुई कजरी है—

'ऐसे दिनन बरखा रुत आई, घर न हैं हमरे श्याम रे।' रातें तो बेचैन करके रख देती हैं। काश, हवा कम ख़ुनक[8] होती, और झोंके इस दर्जा बेपनाह न होते।

तुमने बम्बई से बाहर जाने का इरादा ज़ाहिर किया है। न जाओ मेरी जान, मुझे रश्क की आग फूँककर रख देगी। अगस्त आ ही रहा है। चौबीस को टॉक है। उस्मान को यहीं छोड़ूँगी। उवैस, जादू को लेकर सोलह को लखनऊ उसी ट्रेन से रवाना हो जाऊँगी, जिससे तुम बम्बई से आओगे। दोनों लखनऊ तक का सफ़र साथ करेंगे। अब कहीं और मत जाओ। मेरे

---

1. पीछा, 2. पिछले, 3. मालदार, 4. पोषक, 5. संरक्षक, 6. चकित, 7. दिल का धड़का, 8. ठंडी।

पास तो बच्चे हैं, घर है, मुलाज़मत है। जान-पहचान के लोग और ढंग की जगह, सभी कुछ है। तुम्हारी परेशानी मुझसे बहुत बढ़-चढ़कर है। मगर तुम तो बहुत मुस्तक़िल मिज़ाज हो मेरी जान! ये दिन और गुज़ार लो।

मुन्नी का अभी तक कोई जवाब नहीं आया है। मुझे उसका इन्तिज़ार है। उवैस भी रोज़ सवाल करता है कि मुन्नी आपा क्यों नहीं आईं? देखो।

तुम्हारी भेजी हुई किताबों का मुताला[1] शुरू कर दिया है। सोचती हूँ कि 'नक़्देहयात' पर एक मज़मून लिखूँ। इस किताब ने मुझे बहुत प्रोवोक किया, मगर "फुर्सत कशाकशे-ग़मे-पिन्हाँ से गर मिले।"[2]

अच्छा ख़त लिखो; मेरे सब दुख-दर्द दूर हो जाते हैं तुम्हारा ख़त पाकर। ये दिन बम्बई में ही गुज़ार दो। अब कहाँ इधर-उधर डावाँडोल फिरोगे। ख़लील साहब को आदाब कहो। ख़ुद को बेशुमार प्यार।

तुम्हारी
सफ़्फ़ो

---

1. अध्ययन, 2. छुपे हुए ग़म की खींचतान और असमंजस से यदि कुछ अवकाश मिले।

भोपाल
28 जुलाई, 1950

अख़्तर अज़ीज़!

कल एक ख़त लिख चुकी हूँ! तुम्हारी ख़ैरियत में दिल लगा है। नज़्म पढ़ी थी अंजुमन में? कैसी रही? ग़ज़ल जो तुमने लिखी है, तुम्हारे ज़माने से कम-से-कम दो सौ बरस पहलेवाले शायर का रंगे-तग़ज़्ज़ुल[1] है। ये बैठे-बैठे तुम्हें क्या सूझती है! फिर भी इसके बा'ज़ अश्आर[2] मुझे बहुत चुभ गए। ऐसा मालूम हुआ कि मेरी ही कही हुई बात को तुमने शे'र में पिरोया है। आजकल घर पूरी तरह भरा हुआ है। निसार, शमीम और एक...से आया हुआ लड़का सब बाहर के कमरे को आबाद रखते हैं। मुन्नी अलीगढ़ जाने की तज्वीज़[3] पेश करती रहती है। ग्वालियर की मुलाज़िमत के लिए भी कोशाँ है। ग़रज़ कि तरह-तरह की ख़लिशें[4] पैदा कर लेती है। मैं चाहती हूँ कि जिस तरह हो, वो बेफ़िक्र होकर पढ़ सके। देखो निसार का नतीजा इक्तीस को निकलेगा।

बच्चों की बीमारी का सिलसिला चला ही आता है अख़्तर! क्या मेरी तमाम ज़िन्दगी यूँ ही नाकाम सी गुज़रेगी : क्या मेरी ख़िदमतें तुम्हारे लिए भी वक़्फ़[5] न होंगी? मैं दूर ही से तुमको पूजा करूँगी और दूर ही से तुम मुझे पास आने के इशारे करते होंगे?

---

1. ग़ज़ल का रंग, 2. शे'र का बहुवचन, 3. सुझाव, 4. टीस, 5. अर्पित।

आज पानी इस तरह बरस रहा है गोया फिर न बरसेगा। बिरहा की आग तो ऐसे में और भी भड़क उठती है दोस्त!

तुम्हारी
सफ़िया

भोपाल
अगस्त, 1950

अख़्तर अज़ीज़!

बहुत से प्यार—तुम्हारा ख़त मिला। मैं तुम्हें दो-तीन दिन से ख़त न लिख सकी। उवैस और जादू दोनों बुरी तरह बीमार हैं। पूरी रात जागते कटती है। दुआ करो कि मेरी परेशानी दूर हो। बा'ज़ वक़्त तो कश्ती डूबती सी नज़र आती है अख़्तर! ये बच्चे ही मेरी लँगड़ी-लूली ज़िन्दगी के लिए बैसाखी का काम करते रहे हैं। दूर ही सही मुझे ज़ेहनी सहारा दो, मुझे इसकी ज़रूरत है दोस्त!

मुन्नी अच्छी तरह है और मेरा हाथ बँटाती है, मगर एक मुस्तक़िल[1] ग़म ये भी है कि उसका मेरे पास रहने का क़तई इरादा नहीं। वो कहती है मुलाज़िमत मिल गई तो भोपाल रहूँगी, वर्ना ग्वालियर की मुलाज़िमत मिल गई तो वहाँ रहकर तैयारी करूँगी। मैं उसे घंटों समझाती हूँ कि इंसान को अपना एक रौशन मक़सद साथ रखके इसके लिए सई[2] करनी चाहिए। डिवाइडिड माइंड ज़िन्दगी के लिए मह्लक[3] साबित हुआ करता है। शहाब हर दूसरे-तीसरे दिन आकर बड़ी देर तक बहस कर जाते हैं लेकिन फ़िलहाल उसके अज़ायम[4] में तब्दीली हुई नज़र नहीं आती। मैंने उससे वादा किया है

1. स्थायी, 2. कोशिश, 3. जोखिम-भरा, 4. इरादों।

कि भई, अगर भोपाल के क़याम के लिए मुलाज़िमत ही की शर्त है तो मैं इसकी पूरी कोशिश करूँगी ताकि तुम मुझे ऐसे में बेसहारा न कर जाओ। ख़बर सुन रही हूँ कि अनक़रीब कैम्ब्रिज में कोई जगह ख़ाली हो रही है, जाऊँगी उसके लिए।

अख़्तर! मुन्नी का क़याम तो मेरे लिए ख़ुद ज़ाती सुकून और मसर्रत का बाइस[1] है। मैं ख़ुद ग़रज़ाना तौर[2] पर सोचते हुए यही चाहती हूँ कि वो मेरा साथ दे जाए लेकिन ज़ाहिर है कि अगर वो इस तरह महसूस करेगी कि यहाँ का क़याम किसी तरह भी उसके मक़ासिद में है तो मैं उससे शिकायत न रखूँगी। मैंने ही उसके साथ क्या कर दिया है जो उससे वसीअ तवक़्क़ोआत[3] रख सकूँ। ये जानती हूँ कि अगर वो मेरे पास रह गई तो ख़ुश न रहेगी।

दोनों बच्चे बुरी तरह बीमार हैं, ग़िज़ा किसी तरह पचती नहीं और मुसलसल बुख़ार है। न जाने क्या क़िस्सा है इन बच्चों की शगुफ़्तगी[4] अक्सर मुझे बड़े मासूम तरीक़े पर शगुफ़्ता[5] बना देती है। और इनकी अफ़सुर्दगी[6] से दिल पर अजब फ़िशार[7] की कैफ़ियत तारी हो जाती है।

तुम मुझे प्यारा सा ख़त लिखो। अगस्त में ज़रूर मिलो। वर्ना "हमारे सर से तो ऊँचा गुज़र गया पानी" वाली हालत हो जाएगी। तुम्हें देखे हुए तरस गई हैं ये आँखें, अब और न तरसाओ, अख़्तर!

तुम्हारी अपनी

सफ़िया

---

1. कारण, 2. स्वार्थ के आधार, 3. लम्बी-चौड़ी उम्मीदें, 4. प्रसन्नता, 5. प्रसन्न, 6. दुःख, 7. इस्लाम के अनुसार पापी मनुष्य को क़ब्र बड़े ज़ोर से भींचती है। क़ब्र द्वारा मुर्दे को भींचना 'फ़िशार' कहलाता है।

भोपाल
23 सितम्बर, 1950

अख़्तर अज़ीज़!

तुम्हारा ख़त मिला था। मैं तुम्हें इस तरफ़ हफ़्ता-भर से ख़त नहीं लिख सकी। आज ईद है। बिना मर्द के औरत की ईद ही क्या? बस ये सोचकर दिलोदिमाग़ को इकट्ठा रखती हूँ कि बच्चे बिचारे हम ही लोगों के सहारे जी रहे हैं। दोनों को साफ़-सुथरा करके उस्मान के साथ नमाज़ को भेजा है और ख़ुद ख़त लिखने बैठ गई हूँ।

दो शामें कालिज की डिबेट की नज़्र हो गईं। ग्यारह बजे रात को वापसी पर सूना घर और बच्चे एक मिस्कीन अन्दाज़[1] में सोए हुए मिले। कैसी कमी महसूस होती रही अख़्तर! तुम्हारा घर तुम्हारे बग़ैर बिल्कुल उजाड़ है। कभी तो आ जाओ। बा'ज़ औक़ात[2] तो ज़ब्त[3] हाथ से जाता हुआ मालूम होता है।

तुम क्या कर रहे होगे? होटल की चाय और होटल का खाना। ईद के दिन भी क्या ज़ुल्म है मेरे अल्लाह! यूँ तुम्हारे साथ न सही मगर ज़ेहनी तौर पर तुमसे एक लहज़ा[4] के लिए अलग नहीं हूँ। आओ, तुम्हारे गले में हाथ डालकर तुम्हारे सीने पर दो-चार गर्म आँसू ढलका दूँ। मेरी ईद हो जाएगी।

तुम्हारी अपनी
सफ़िया

---

1. अनाथों की तरह, 2. किसी वक़्त, 3. सहनशक्ति, 4. क्षण।

भोपाल
6 अक्तूबर, 1950

अख़्तर अज़ीज़!

ख़ुदा करे तुम बख़ैरो-आफ़ियत हो, तुम्हारे ख़त का रोज़ इन्तिज़ार करती हूँ। तुम जानते हो कि जादू की मुसलसल बीमारी ने मुझे किस दर्जा परेशान और बदहवास कर रखा होगा। तुम्हें तो चाहिए था कि आजकल मुझे दस्तूर से भी ज़्यादा जल्द ख़त लिखा करते ताकि मुझे उन्हीं की ढारस से परेशानियों को झेलने में मदद मिलती।

जादू तुम्हें सलाम लिखवा रहा है। कहता है कि अब्बी को लिख दो कि जादू ने आपको हर तरफ़ से सलाम कहा है। कह रहा है कि हर तरफ़ तो मैं इसलिए लिखवा रहा हूँ कि अब्बी को हँसी आए।

न मालूम कैसे हो? और किन-किन तकलीफ़ों को गवारा बना रहे हो। तातीलात[1] के दस-बारह दिन और बाक़ी हैं। अच्छा प्यार लो।

तुम्हारी अपनी
सफ़िया

1. छुट्टियों।

भोपाल

14 अक्तूबर, 1950

अख़्तर अज़ीज़!

तुम्हारे ख़त का आज मुझे इन्तिज़ार था, नहीं आया।

जादू की तबीयत फिर ख़राब है। समझ में नहीं आता इस हालत में उसे बम्बई लेकर क्योंकर आऊँ। तुम्हारे लिए लखनऊ आना मुमकिन हो तो फिर कोई उलझन ही नहीं बाक़ी रह जाती, सोचो तो सही, मेरे लिए कितनी बड़ी ख़ुशी की बात थी कि मैं ये दिन तुम्हारे पास गुज़ारूँगी, मगर हालात ने मेरे हिस्से से हर इम्कानी[1] मसर्रत[2] ज़ब्त सी कर ली है। तुम ग़मो-ग़ुस्सा न करना, मेरे दिल को समझने की कोशिश करना। चाहूँ तो जादू को लेकर तुम्हारे पास भी आ सकती हूँ, मगर इसी खदशे[3] से नहीं लाना चाहती कि तुम्हारी फ़िक्रें बढ़ जाएँगी।

हालात ने कितनी ऐसी ज़िम्मेदारियाँ मुझ पर डाल दी हैं जिनमें तुम ज़ेहनी तौर पर शरीक होने के अलावा इतनी दूर से कुछ नहीं कर सकते। तातील[4] जुमेरात से है। अगर इलाज वगैरह का इम्कान हो और तुम ऐतमाद[5]

---

1. सम्भावित, 2. ख़ुशी, 3. डर, 4. छुट्टियाँ, 5. विश्वास।

महसूस करो तो मैं क़तई बम्बई चली आऊँगी। बहरहाल अब मुझे जो कुछ भी लिखो, फ़ैसले की शक्ल में लिखना। तुम जानते हो तुम्हारे फ़ैसले के मुताबिक़ अमल करके ही मुझे दिली सुकून पैदा होता है।

बहुत से प्यार।

तुम्हारी अपनी
सफ़िया

भोपाल
18 नवम्बर, 1950

अख़्तर अज़ीज़!

आज तो तुम्हारा ख़त आना ही चाहिए वर्ना इतवार का दिन शदीद कोफ़्त में गुज़रेगा। अभी तक तो ये भी नहीं मालूम हो सका कि तुम वहीं हो या आर्केडिया वापस आ गए हो? जादू का वही हाल है। आठ-दस दिन और देखती हूँ। वर्ना लखनऊ रवाना कर दूँगी। इसके होते हुए कुछ तुम्हारी रिफ़ाक़त[1] एक एहसास रहता है। इसके बग़ैर बिल्कुल ही तन्हा रह जाऊँगी। लेकिन जब मैं तुम्हारी ख़ातिर तुमसे दूर रह सकती हूँ तो फिर इसकी ख़ातिर इससे भी दूर रहूँगी।

घर का क्या हाल लिखूँ? "कोई वीरानी सी वीरानी है" वाली कैफ़ियत[2] है। तुम्हारी ज़िन्दगी के तसव्वुर से बेचैन होकर रह जाती हूँ। तुम्हारे कपड़े तैयार कराने की फ़िक्र में हूँ। अन्क़रीब[3] बाज़ार जाऊँगी।

जादू की इंक़लाबपसन्दी अपने उरूज[4] पर है। नूरुल्लाह साहब से उन्होंने बाक़ायदा एशिया, रूस और स्टालिन की ख़ूब बातें कर डालीं। चुनांचे नूरुल्लाह साहब मुझसे कहने लगे कि ऐसे इंक़लाबी बच्चों के

---

1. दोस्ती, 2. हाल, 3. जल्दी ही, 4. उत्कर्ष।

साथ तो आपको बम्बई गवर्नमेंट में मुलाज़िमत मिलने का कोई इम्कान नहीं है।

अब सवा नौ बजे हैं। साढ़े नौ बजे कालिज पहुँचना है। इसलिए फ़िलहाल रुख़सत दो। तुम्हारी दाढ़ की तकलीफ़ कैसी है?

तुम्हारी अपनी
सफ़िया

भोपाल

28 नवम्बर, 1950

अख़्तर अज़ीज़!

कल तुम्हारा दूसरा ख़त मिला। तुम्हारा ख़त पाकर मैं जी उठती हूँ। तुम मुझे एक सियासी नज़रबन्द क़ैदी से कम न समझो। ये क़ैद बेज़ंजीर भी अक्सर झेली जाती है। बहरहाल ये दिन भी गुज़र ही जाएँगे।

यहाँ नए स्केल आ गए हैं। ग़ालिबन[1] साढ़े तीन सौ से स्टार्ट हो जाएगा। ख़ैर करना भी क्या है।

जादू तुम्हें हद से ज़्यादा याद करता है। कल कह रहा था कि मेरे तो दो ही खिलौने हैं। एक गुड्डा और एक गुड़िया। गुड़िया भोपाल में है और गुड्डा बम्बई में। कनपटी पर उँगली रखकर बताने लगा कि यहाँ पर उसकी एक चाबी लगी हुई है। जब मैं चाबी घुमा देता हूँ तो गुड्डा तमाशे करने लगता है।

एशिया का ड्रामा हर वक़्त खेला जाता है। संगर के बच्चे अमरीकी शैतान बनते हैं। साइकिल पर लकड़ियाँ लगाकर तोप बनाई जाती है और रूस से

---

1. सम्भवतः, 2. बुरे कर्मों का फल।

अमरीका की जंग होती है। जाफ़री की नज़्म 'एशिया जाग उठा' के मिसरे दोहराए जाते हैं। ग़रज़ कि बच्चे क्या हैं, शामते-आमाल[2] हैं।

मजरूह के ज़िन्दाँनी[1] होने की ख़बर सुनी। बेचारा। तुम मिलने जाओ तो मेरी दुआ और उसी का शे'र मेरी तरफ़ से उसे पहुँचा देना।

देख ज़िन्दाँ से परे रंगे-चमन, रंगे-बहार
रक़्श करना है तो फिर पाँव की ज़ंजीर न देख

अख़्तर! अपनी शायरी और मुहब्बत का वास्ता, मुझे ख़त जल्द लिखा करो। बहुत से प्यार।

तुम्हारी
सफ़्फ़ो

---

1. जेल में क़ैदी।

भोपाल
14 दिसम्बर, 1950

अख़्तर अज़ीज़!

कल तुम्हारा ख़त मिला था। न जाने क्यों आज दूसरे ख़त का आसरा था। शायद कल आए।

कल सुब्ह जादू अब्बू के हमराह लखनऊ जा रहा है और अब रात के नौ बजे हैं। कालिज के ड्रामे के चक्कर से मुहलत पाकर तुम्हें ख़त लिखने बैठी हूँ। ये चार दिन भी अजब कशमकश में गुज़रे। बार-बार यही सोचा कि जादू को न भेजूँ और वो भी कभी-कभी मेरे ग़म के एहसास से मुजरिम सा महसूस करने लगता था। लेकिन आज अपने सीने पर सिल रखकर तैयारी कर रही हूँ। उसकी हरारत[1] मुस्तक़िल उससे चिमटी हुई है और तन्दुरुस्ती का तक़रीबन पहला ही सा हाल है। कहाँ तक उसे घुलाती रहूँ। वो लखनऊ रहकर अपनी खोई हुई सेहतमन्दी वापस पा ले। मेरे लिए ये सब कुछ होगा। तुमसे दूर रहकर भी इन दोनों बच्चों को सीने से लगाकर मुझे काफ़ी सुकून मिल जाता था। फिर जादू तो, 'तुझी को सब पुकार उठें, गुज़र जाऊँ जिधर होकर' का मिस्दाक़[2] है। बारहा मैंने ख़ुद ऐसा महसूस किया कि तुम ही

1. ताप, 2. चरितार्थ, 3. कोशिश।

मेरे पास हो मगर अख़्तर ये सात साल तुमको पा लेने ही की सई[3] में गुज़र गए और तुम मेरे होकर भी मुझसे आज दूर ही हो। जादू को भी मेरा साथ रास नहीं आया। क्या करूँ?

हालात के चक्कर ने मेरी फ़ितरी[1] बेफ़िक्री को बुरी तरह कुचलकर रख दिया है। आज मुझ पर ख़फ़ीफ़ सी[2] बात का भी बड़ा शदीद असर होता है, दोस्त। भोपाल वालों का रवैया जो तुम्हारे चले जाने के बाद बदला, उसने मुझमें एक अजीब तरह की तल्ख़ी पैदा कर दी। 'देखकर तर्ज़े तपाक अहले दुनिया जल गया।' मेरा किसी से मिलने-जुलने को जी नहीं चाहता, एक मुसलसल तन्हाई है और मैं हूँ।

आज दोपहर से अब तक मेरे आँसुओं की झड़ी बन्द न हो सकी। कालिज में कैसा बुरा वक़्त गुज़रा। बहानों से मुँह धो-धोकर आती थी। जादू मेरा साथी, दोस्त, रफ़ीक़ सभी था। उससे मुझे बड़ी तक़्वीयत[3] थी और ढारस, मुझे घर का कोई सुकून मयस्सर न रहेगा। मगर क्या करूँ अख़्तर! मैंने तुमसे ख़ुदग़र्ज़ी नहीं बरती तो उससे मैं फ़रेब न करूँगी। उसे मुझसे वही बेगरज़ाना मुहब्बत हासिल होना चाहिए जो तुम्हें हो सकती है। मैं तुम्हारे लिए मिट सकती हूँ तो उसके लिए भी कुछ क़ुर्बानियाँ दे सकूँगी।

अख़्तर! तुम मुझे तस्कीन देना और मेरी ढारस बँधाना। दाढ़ का दर्द कैसा है? इलाज से इस दर्जा तग़ाफ़ुल मत बरतो। प्यार।

तुम्हारी अपनी
सफ़िया

---

1. नैसर्गिक, 2. ज़रा सी, 3. बल।

भोपाल
16 दिसम्बर, 1950

मेरे शायर अख़्तर!

कई दिन से तुम्हारी कोई तहरीर नहीं मिली है। तुम्हारी तरफ़ से हर वक़्त फ़िक्र रहती है। अपनी ख़ैरियत बराबर लिखते रहो।

जादू कल चला ही गया। छह महीने वो मेरे पास रहा। हर तरह का आराम होकर भी उसे दुख ही रहा और आख़िर वो गया। मुझे और उवैस को क़तई तन्हा करके। कल तमाम दिन उवैस की मज़लूमियत[1] का ठिकाना न था। बात-बात पर रोये देता था। तुम जानते हो कि वो जादू ही के दिमाग़ से सोचता है और उसी के इशारों पर चलता है। इधर घर मुझे काटने दौड़ता है। रात सेज के सूने होने का सच्चा एहसास पैदा था। जाने से क़ब्ल[2] वाली रात जादू मेरी गोद में सोया, ये कहकर कि रात-भर मुझे सीने से चिमटाए रखना। सुब्ह सूरज निकलने से पहले ही मैंने उसे रवाना कर दिया। मेरी दुनिया फ़िलहाल अँधेरी सी है। जादू की सेहत उसे दोबारा वापस मिल जाए। मेरे लिए यही सब कुछ होगा।

तुम्हारी दूरी के ऊपर ये मज़ीद सितम क्यों टूटते हैं, इसके लिए मेरे और तुम्हारे पास कोई सबब न मिलेगा।

---

1. बेचारगी, 2. पहले।

तुम आइन्दा माह की पन्द्रह को मेरे पास ज़रूर आ जाओ। अब से महीना-भर का एक-एक दिन गिनकर काट लूँगी। सरदार पटेल के रुख़सत हो जाने से ड्रामा जो कल होनेवाला था, तेरह दिन के लिए मुल्तवी[1] हो गया है। सोचो कि ज़हमत[2] में किस दर्जा इज़ाफ़ा हो गया। तक़रीबन कुल तैयारी हो चुकी थी, अब सारा ढ़चर फिर से जमाना होगा।

सुना है, मेहदी आए हुए हैं। मेरे पास आने का क़स्द[3] कर रहे हैं। तुम्हारे लिए दस गज़ लट्ठा लखनऊ से आ गया है। पाजामा सीकर उन्हीं के साथ भिजवा दूँगी, वर्ना पार्सल करूँगी।

दाढ़ कैसी है? तुम्हारे ख़त जज़्बाती ज़्यादा, वाक़ियाती कम होते हैं। तुम हालात तो लिखा करो। तुमने ये भी न लिखा कि ये सात दिन की छुट्टियाँ क्योंकर गुज़ारूँ? दो-एक दिन में होशोहवास इकट्ठा करके ख़ुद को किसी काम में लगाने की कोशिश करूँगी—देखो। बहुत से प्यार।

तुम्हारी
सफ़्फ़ो

---

1. स्थगित, 2. कष्ट, 3. इरादा।

भोपाल
25 दिसम्बर, 1950

अख़्तर अज़ीज़!

आज की तारीख़ से कुछ यादें वाबस्ता रखते हो साथी। आज सात साल हो रहे हैं कि हमें एक-दूसरे से वाबस्ता किया गया था। और हमने उम्मीदों और अन्देशों के साथ ज़िन्दगी का जुआ अपने कन्धों पर सँभाल लिया था। इस सात साल में ज़िन्दगी कितने कड़े दिलचस्प और पुरख़तर[1] इम्तेहानों से गुज़री और हमारी बाहमी शिरकत[2] को ज़्यादा-से-ज़्यादा ज़रूरी बनाती गई। हमने एक-दूसरे के साथ से खोया नहीं, पाया है। आओ इस सात साल के बाद आज फिर अपने अहद[3] की तजदीद[4] करें, हम कभी किसी क़ीमत पर एक-दूसरे की अबतरी[5] का बाइस[6] नहीं बनेंगे। हम ज़िन्दगी को सँवारने और इसकी सतह को बलन्द करने के लिए ही अपनी काविशों को सर्फ़ करेंगे। ये दो मासूम मुहब्बत से भरे हुए नर्म औ' नाज़ुक दिल जो तुम्हें और मुझे बराबर के एतमाद से अपना समझते हैं, उनकी मुहब्बत का सिला सिर्फ़ यही हो सकता है दोस्त कि हम उनके लिए एक रौशन दुनिया पैदा कर सकें। आओ, मैं तुम्हारे गले में मज़बूती से बाँहें डालकर तुम्हारे सीने में इस तरह

1. ख़तरों से भरे, 2. आपसी सहयोग, 3. युग, 4. नवीनीकरण, 5. अस्त-व्यस्तता. 6. कारण।

सर छुपा दूँ जैसे दरख़्त के तने पर बेल चढ़ जाती है, तुम मेरा सहारा हो, मेरी ज़िन्दगी, मेरी जान।

तुम कब आओगे, लिखो तो सही। तुम्हारी 'सितारों की सदा' पूरी तराश-खराश के बाद हमीदिया कालिज के स्टेज पर अदा हो रही है। देखना तो चाहोगे, मगर आओगे नहीं।

आज जादू को भी प्यार लिखूँगी। अच्छा प्यार।

तुम्हारी अपनी
सफ़्फ़ो

भोपाल
26 जनवरी, 1951

अख़्तर मेरे!

तुम्हारा ख़त मिला। इस तरफ़ मैंने ख़त लिखने में ताख़ीर[1] की। वो मज़मून लिखती रही जिसका तुमसे वायदा था। ग़नीमत है कि अब तो हद तक पहुँच गया है।

इस तरफ़ जादू का कोई ख़त नहीं आया। रात के बीच में जब आँख खुल जाती है तो उसकी याद आ जाती है और दिल बड़ी मुश्किल से क़ाबू में आता है।

तुम्हारी आमद[2] के लिए क्या-क्या प्रोग्राम सोचती रहती हूँ। फिर सोचती हूँ कि लोग दफ़अतन[3] मेरी हालत की इस ज़बरदस्त तब्दीली[4] पर हँसेंगे और मुझे इस ख़्याल से शर्म सी आ जाती है। तुम्हारे लिए दिल-भर के सिंगार भी मुमकिन नहीं 'मन की मौज जग की लाज दोनों को निभाना।'

अब जैसे बन पड़े फ़रवरी में ज़रूर आ जाओ। मेरी तन्हा ज़िन्दगी फ़रियाद करती है। प्यार लो।

तुम्हारी तरसी हुई
सफ़िया

---

1. देर, 2. आगमन, 3. अचानक, 4. परिवर्तन।

भोपाल
29 जनवरी, 1951

अख़्तर मेरे!

हज़ारों प्यार। तुम्हारा ख़त जुमे ही को मिल गया था। शुक्र है कि तुम अच्छी तरह हो। कृश्न की 'सुब्ह होती है' पर तबसिरा[1] लिख डाला है। तवील[2] ज़्यादा हो गया है और इक़्तिबासात[3] की भरमार है। लेकिन इक़्तिबासात के बग़ैर गुफ़्तगू में रंग न पैदा हो सकता था क्योंकि ये कोई नाविल तो है नहीं जिस पर उसूली बहस[4] हो सके। बहरहाल मर-खप कर यही कुछ लिख सकी हूँ, वर्ना मुझे लिखने की मश्क़[5] ही नहीं है। प्रेमचंद पर भी तुम्हारे आने से पेशतर[6] लिख डालूँगी। इस किताब के बखिए उधेड़ने[7] तो बहुत आसान हैं।

उवैस तुमको हर लहज़ा[8] याद करता है और तुम्हारी आमद का बेचैनी से मुन्तज़िर है। उसके लिए इस मर्तबा कुछ ज़रूर लाना, वर्ना उसकी सारी उम्मीदों पर पानी फिर जाएगा।

जादू की ख़ैरियत मालूम हुई। अच्छा है और ख़ुश। मैंने उसे जनवरी के शुरू में पैसे भेज दिए थे। उसके इलाज वग़ैरह का बार क्यों दूसरों पर पड़े।

---

1. समीक्षा, 2. लम्बा, 3. उद्धृत अंश, 4. सैद्धान्तिक चर्चा, 5. अभ्यास, 6. पहले, 7. आलोचना, 8. पल।

यहाँ मौसम पलटा खा रहा है। जैसे हर शै की तवक़्क़ोअ[1] उसके हुसूल[2] से ज़्यादा ख़ूबसूरत हुआ करती है, इसी तरह गर्मी की आमद का एहसास गर्मियों से कहीं ज़्यादा लतीफ़[3] होता है। अब वसन्त मनेगा और फिर होली आएगी। मैंने बसन्ती दुपट्टा कल रँगकर रखा है। इसी इन्तिज़ार में कि तुम आओगे तो ओढ़ लूँगी।

याद करो हमारी दिसम्बर में शादी हुई और हमारी इब्तेदाई[4] मुहब्बत इसी मौसम और इसी फ़ज़ा में परवान चढ़ी थी। एकाएकी[5] मुझे दुनिया की हर शै कितनी हसीन-कैसी ज़िन्दगीआमेज़[6] और कैसी रंगीन नज़र आने लगी थी। तुमने मेरी ज़िन्दगी देवताओं की शान से पलटकर रख दी।

आओ, उदास मत हो। ये दिन भी कट ही जाएँगे, मुस्कुराओ और हौसला पैदा करो। जीत हमारी ही होगी।

अच्छा, अब फिर।

तुम्हारी

सफ़्फ़ो

---

1. अपेक्षा, 2. प्राप्ति, 3. आनन्दमयी, 4. आरम्भिक, 5. अचानक, 6. जीवनदायी।

भोपाल
11 फ़रवरी, 1951

मेरे अपने अख़्तर!

तुम्हारा ख़त जुमे को मिला था...ये फ़रवरी भी यूँ ही गुज़र जाएगी और तुम न आ सकोगे। 'आशिकी सब्रतलब और तमन्ना बेताब'[1] वाला मरहला[2] है। बहरहाल तुम जानते हो कि मुझमें बर्दाश्त की बेपनाह सलाहियतें[3] हैं। ये अर्सा[4] क्या चीज़ है, मुद्दतें काट सकती हूँ तुम्हारे इन्तिज़ार में।

कल तीन महीने हो जाएँगे, तुमसे रुख़सत हुए मगर मेरे लिए तो 'सजन तुम बिन जुदाई में घड़ी गुज़री सो दिन गुज़रा' वाला मज़मून है। अब हिसाब लगा लो।

कल इतवार का दिन था। एक रज़ाई का डोल डाला था। सुब्ह से जो सिलाई शुरू की तो शाम हो गई। शाम को पता चला कि बसन्त का दिन था। बसन्त की ख़बर नहीं, की सदाक़त[5] तस्लीम[6] करनी पड़ी।

मैं दवा का बराबर इस्तेमाल कर रही हूँ। इफ़ाक़ा होकर रहेगा। दरअसल बात ये है कि शुरू ही में मैंने तवज्जोह न दी वर्ना बात न बढ़ती। बहरहाल आज तक तो ऐसा हुआ नहीं कि कोई तकलीफ़ आकर गई न हो। ये भी चली जाएगी।

---

1. इश्क़ में धैर्य की आवश्यकता है किन्तु आकांक्षा अधीर है, 2. कठिन काम, 3. गुण, 4. समय, 5. सच्चाई, 6. स्वीकार।

और क्या लिखूँ। फोर्थ इयर का काम बहुत बढ़ा हुआ है और फिर लड़के इस दर्जा बदज़ौक़ वाक़े हुए हैं कि काम खिसकता ही नहीं है। किसी तरह इस महीने पढ़ाई का सिलसिला और है फिर तो इम्तेहानों का चक्कर चल जाएगा।

और हज़ारों बातें दिल में घुटकर रह जाती हैं। यहाँ कौन है। हद तो ये है कि कोई किताब पढ़ूँ तो उसके बारे में किसी से गुफ़्तगू मुमकिन नहीं। शाम को अक्सर डॉक्टर साहब के यहाँ चली जाती हूँ और ख़ालाजान से घरेलू क़िस्म की गपशप करती रहती हूँ। उनके घर की फ़ज़ा मुझे अपने घर की याद दिलाती है। बड़े सादा और शरीफ़ लोग हैं सब के सब।

मुफ़स्सल[1] ख़त लिखोगे न? 'दोस्ताना' क़िस्म का ख़त, समझे? अच्छा।

सिर्फ़ तुम्हारी
सफ़िया

1. विस्तार से।

भोपाल

17 फ़रवरी, 1951

अख़्तर मेरे!

मेरे ख़त तुम्हें मिलते रहे होंगे। तुम्हारा पीर का लिखा हुआ ख़त पहुँचा था। तुमने क़लम खोने की ख़बर बुरी सुनाई। अब जल्द ही उसकी फ़िक्र करनी होगी ताकि तुम दोबारा अहलेक़लम[1] बन जाओ।

मेरी तबीयत का रंग अभी तक ठीक नहीं हुआ है। अब तक कोलोज़ल आयोडीन पीती रही। कोई इफ़ाक़ा[2] नहीं हुआ। तुम्हारी हिदायत के मुताबिक़ डॉक्टर सुलतान को दिखा दिया है। अब उनकी दवाई पी रही हूँ...बाज़ू, पिंडलियों और चेहरे पर हल्का सा वरम हो गया है, देखनेवाले समझते हैं कि आजकल मेरी तन्दुरुस्ती पूरे उभार पर है और यहाँ जान पर गुज़र रही है। बहरहाल ये सब कुछ तुम्हें इसलिए नहीं लिख रही हूँ कि तुम परेशान हो। मैं पूरी बहादुरी से काम लेने की कोशिश कर रही हूँ। कालिज बराबर जाती हूँ। सोचती हूँ शोभा लक्ष्मी लेडी डॉक्टर से भी मशविरा कर लूँ। ख़ून की ख़राबी है ये सब, और क्या।

---

1. क़लमवाले, 2. स्वास्थ्य-लाभ।

तुम्हें देखने को तो जैसे जी तरस गया है अख़्तर! ख़्वाब ही में आ जाया करो कभी-कभी। आख़िर शर्ते-दोस्ती कुछ तो निबाहनी ही चाहिए।

अच्छा मुझे लिपटा लो अख़्तर! मैं बहुत तन्हा हूँ।

तुम्हारी अपनी
सफ़िया

भोपाल
19 फ़रवरी, 1951

बहुत ही प्यारे अख़्तर!

आज पीर का दिन है। तुम्हारा ख़त आना ही चाहिए। डॉक्टर सुलतान का इलाज जारी है लेकिन 'दर्दे-दिल उसने तो हसरत और दूना कर दिया' वाला क़िस्सा है। दो-एक दिन और देखती हूँ, फिर हकीम कौसर चाँदपुरी को बुलवाऊँगी। अख़्तर! ख़ुद को उदास मत करो। ख़त लिखते और मेरी ढारस बँधाते रहो। यही सब कुछ है, तुम ये सोचकर जी न कुढ़ाओ दोस्त कि मैं बेसहारा हूँ। तुम्हारी मुहब्बत का भरोसा मुझे हर परेशानी से मुक़ाबला करने के काबिल बना देता है। आओ मुझे प्यार कर लो।

तुम्हारी अपनी
सफ़्फ़ो

भोपाल
3 मार्च, 1951

अच्छे अख़्तर!

ख़त मिला। तुम इतने फ़िक्रमन्द न हो। मैं इलाज में कोताही नहीं बरत रही हूँ। लखनऊ जाने की हिम्मत यूँ नहीं होती कि अब जाकर दस-पन्द्रह दिन बाद लौटूँ और फिर अप्रैल के बाद ही सामाने-सफ़र ताज़ा करना है। मुझे उम्मीद है कि अब मुझे इफ़ाक़ा[1] हो जाएगा। कल शाम डॉक्टर शोभा लक्ष्मी को दिखा दिया। इंजेक्शन तज्वीज़[2] किए हैं उसने जो आज से लग सकेंगे।

उदास न हो मेरे दोस्त! तुम्हारी उदासी मेरी ज़िन्दगी को कम कर देती है। अच्छे दिन ज़रूर आएँगे और फिर हमें इस तरह एक-दूसरे के लिए तड़पना न होगा। अब चार महीने हो जाएँगे हमें अलहदा हुए। इतना तवील[3] अर्सा तो हमने शादी के बाद एक-दूसरे के बग़ैर शायद कभी नहीं गुज़ारा था। इस इम्तेहाने-सब्र का सिला कुछ तो होना ही चाहिए।

अच्छा आओ मैं तुम्हें बहलाऊँगी—अख़्तर! तुम बहुत थक जाते हो। ज़ेहनी थकावट बा'ज़ वक़्त तुम्हारे ख़तों से टपक जाती है। तुम इरादोंवाले

1. स्वास्थ्य-लाभ, 2. सुझाव, 3. लम्बा।

आदमी हो। तुम्हारे एहसासात[1] बहुत नाज़ुक और लतीफ़[2] सही मगर उनमें इतना ही ज़ोर और इतनी ही क़ुव्वत[3] भी होनी चाहिए मेरी जान! मैं ख़ुद बा'ज़ वक़्त हालात से डर सी जाती हूँ। तुम मेरा डर मिटा दिया करो। तुम मुझे मज़बूत बना दिया करो। आओ तुम मुझे अपने बाज़ुओं में भींच लो, मेरी क़ुव्वत हज़ार गुना बढ़ जाएगी।

तुम्हारी ही
सफ़्फ़ो

---

1. संवेदनाएँ, 2. आनन्ददायी, 3. शक्ति।

भोपाल
27 मार्च, 1951

जाने अज़ीज़!

अब अच्छी हूँ। वरम तेज़ी से तहलील हो रहा है। अलबत्ता कमज़ोरी बढ़ रही है। सुइयों का सिलसिला चल रहा है। हाँ, बेरिन की जो गोलियाँ तुमने भेजी थीं, वो लेडी डॉक्टर को मैंने दिखा दी थीं। ठीक हैं। तुम ख़त बराबर लिखते रहो। अब हफ़्ता-अशरा[1] में बिल्कुल ठीक हो जाऊँगी। कल शाम शोभा लक्ष्मी के पास गई थी। कुछ दवाओं का इज़ाफ़ा कर दिया है और कुछ कम कर दी हैं उसने। गोलियाँ अभी बहुत हैं और न भेजो।

हाँ 'आजकल' वालों ने बीस रुपए तुम्हारे क़तआत[2] के भेजे हैं। मैंने वसूल कर लिए और सुनो सुरती साहब को जमायते-इस्लामी का मेम्बर होने के सबब मुलाज़िमत से बरख़ास्त कर दिया गया।

तुम इस फ़ुर्सत के अर्से में कुछ शे'रो-शायरी की पटरी ज़रूर जमाओ। अच्छा है कोई नज़्म हो जाए। मजमूए[3] की तरफ़ से तो तुम ऐसे बेफ़िक्र हो गए जैसे कोई बात ही न थी।

---

1. दस, 2. मुक्तकों, 3. संकलन।

और कहो, तुम्हें तो कैसी-कैसी हसीन सूरतें और कैसे-कैसे शादाब चेहरे देखने को मिल जाते होंगे। यहाँ दुनिया हुस्न से ख़ाली और मुहब्बत से ख़ाली नज़र आती है। अपनी कोई ज़रूरत, कोई ख़्वाहिश मुझे लिखकर भेजो ताकि मैं महसूस कर सकूँ कि किसी तरह तुम्हारे काम आ रही हूँ।

हजारों प्यार—

तुम्हारी
सफ़िया

भोपाल

3 अप्रैल, 1951

अख़्तर मेरी जान!

दोपहर को तुम्हारा ख़त मिला था। उसी वक़्त जवाब लिखने बैठ गई थी। फिर ख़त पोस्ट न हो सका। अब शाम को स्टेशन भिजवा रही हूँ। तुम्हारी शोरीदासरी[1] से सख़्त वसवसे[2] पैदा हो रहे हैं। आओ मेरी जानिब देखो प्यार से मुलायमत से। आज से मैं तुम्हारे दिल में भी ऐसे ख़्यालात का आना न बर्दाश्त करूँगी। तुम्हारी ज़िन्दगी, तन्दुरुस्ती और मसर्रतों[3] की मुझे ज़रूरत है, मेरे बच्चों को ज़रूरत है, तुम्हारे अदबी हलक़े[4] को ज़रूरत है। ख़ुद आज जिन्दगी की बढ़ती हुई तहरीक[5] को ज़रूरत है, तुम इस तरह जीने के मफ़हूम[6] को बा'ज़ वक़्त महदूद[7] न कर लिया करो। ख़ुद के लिए नहीं दूसरों के लिए जियो। फिर ग़म तुम्हारे पास भी न फटकेगा।

आओ मुस्कुराओ! मेरी आँखों में आँखें डालकर। बड़े आए क़ातिल बननेवाले मेरी अमानत के! तुम्हारी ज़िन्दगी पर तुम्हारे अलावा दूसरों को भी इख़्तियार हासिल है। इसे न भूल जाया करो।

---

1. दीवानगी, 2. अनिष्ट की शंका, 3. आनन्द, 4. साहित्यिक क्षेत्र, 5. आन्दोलन, 6. अर्थ, 7. सीमित।

अच्छा कड़वी बातें सोचना तर्क[1] और हँसी-ख़ुशी की गुफ़्तगू शुरू होनी चाहिए। मैं जानती हूँ, तुम उदास हो जाते हो, मैं भी हो जाती हूँ, मगर आओ, हौसला न खोएँ। हिम्मत न हारें। उम्मीदें रहें और फ़तहमन्द[2] शिकस्त[3] हमारी हो नहीं सकती।

तुम्हारी दोस्त, साथी
और दुल्हन

---

1. त्याग, 2. विजयी, 3. हार।

भोपाल

10 अप्रैल, 1951

अख़्तर मेरे!

कल शाम तुम्हारा ख़त मिला। शुक्र है, तुम अच्छी तरह हो। तुम अख़्तर मुझे इस तरह दहला न दिया करो। मैं तो तुम्हारे उस ख़त से सहम सी गई थी।

तुमने जो प्रोग्राम लिखा है उसी पर अमल करूँगी। इक्कीस की शाम को लखनऊ रवाना हो जाऊँगी। वहाँ पहुँचते ही डॉक्टर से मशविरा करना है गो कि[1] अब तो इस बात का यक़ीन सा हो गया है कि डॉक्टर के इलाज से ज़्यादा मुझे तुम्हारा साथ रास आएगा। अब तकलीफ़ बहुत कम रह गई है और वो तुम्हें देखने से ही जाती रहेगी।

उवैस अलबत्ता कई दिन से बुख़ार में मुब्तला है। इन्फ्लूइंज़ा होकर जो बिगड़ा है तो अब तक नहीं जाता। दवाएँ देते-देते जी आजिज़ हो गया है और तबीयत की फ़िक्रमन्दी सो अलग। इस बार बीमारियों की कोई क़िस्म हम लोगों से बच न रही, इम्तेहाने-वफ़ा को तो सख़्ततर होना चाहिए।

---

1. यद्यपि।

जादू के दो ख़त तुम्हारे नाम आए हैं। भेज रही हूँ, उसकी पैदाइश ही मुझे चन्द दिनों के बाद मालूम होती है और अब वो ख़त भी लिखने लगा। मुझे बड़ी फ़ातिहाना[1] मसर्रत[2] होती है। उसकी ज़ेहानत[3] और उसके दिमाग़ को देखकर मैंने तुम्हारा बेहतरीन अंसर[4] तुमसे निचोड़कर अपना लिया है न? लेकिन तुमने भी कुछ नहीं खोया बल्कि पाया है। उसका दूसरा ख़त पढ़ने में शायद तुम्हें दिक़्क़त होगी। लिखा है अब्बी वो शे'र जो आपने लिखा है, 'ए दिल मुझे ऐसी जगह ले चल जहाँ कोई न हो'[5] गलत है। उसको गुमान है कि ये मिसरा तुम्हारा है और इस पर तन्क़ीद की है उसने। ज़ाहिर है वो तुम जैसे रूमानी इन्क़लाबपसन्दों से आगे होगा। वो फ़रार का क़ायल नहीं हो सकता। तुम घबरा जाते हो और शिकस्त[6] महसूस करने लगते हो। वो डटकर लड़ेगा और तुमसे आगे बढ़ जाएगा। है न! आओ दोनों मिलकर उसे प्यार करें और अपने जज़्बात के धारों का एक संगम तलाश कर लें।

बटुवों का पार्सल नहीं पहुँचा। अगर पार्सल रवाना न हुआ हो तो ख़ुद लेकर रख लेना और अपने साथ लाना।

अब तो बस ये ख़ुशी है कि इस क़ैदे-तन्हाई से निजात[7] होगी बहुत जल्द। और तुम कब मिलोगे?

प्यार लो।

तुम्हारी
सफ़िया

जीतवाली, 2. आनन्द, 3. तीव्रबुद्धि, 4. तत्त्व, 5. ये मिसरा मजरूह सुलतानपुरी की एक फ़िल्मी ग़ज़ल का है, 6. हार, 7. छुटकारा।

लखनऊ
22 जुलाई, 1951

मेरे अपने अख़्तर!

हज़ारों प्यार,

तुम्हारा ख़त कल शाम उस्मान लाया। तुम जानते हो कि तुम्हारी बरहमी मुझे पागल बना देती है। मुझे एक लम्हे का भी सुकून नहीं रहता। ये सोचक कि तुम्हारा एहसास मेरी तरफ़ से ख़राब है। बहरहाल अब क़दरे बोझ[2] हल्क हुआ है।

अख़्तर न जाने कितनी बेशुमार फ़िक्रें और परेशानियाँ मुझे आन घेरत हैं। तुम्हीं बताओ इस तन्दुरुस्ती के साथ मैं मुलाज़िमत और उसकी पाबन्द क्योंकर कर सकूँगी? फिर तुम्हारी पनाह में आकर तुमको भी वो राहत तरब[3] दे सकूँगी जो तुम्हें मुझसे मिलना चाहिए। तुम मुझे शादाब[4] देखना चाह हो और अगर ये चीज़ मुझसे छिन चुकी हो तो? कहाँ से लाऊँगी ये शादा तुम्हारे लिए? फिर मेरे बच्चे जिनको मैंने अब तक किसी क़दम पर धोका न

---

1. गुस्सा / नाराज़गी, 2. कुछ बोझ, 3. ख़ुशी, 4. हरी-भरी।

दिया और जिन्हें मैंने इस सात साल के अर्से में वो सब कुछ दिया है जो मैं उन्हें दे सकती थी, उनका क्या होगा? उन्हें तुम क्योंकर सँभाल सकोगे? तुम्हें तो ख़ुद भी सहारे की ज़रूरत रही है। आज तुम्हें मुझको हर-हर तरह सहारा देना है दोस्त! आठ महीने हो गए मुझे बीमार हुए। मैंने ख़ुद कोई कोशिश उठा न रखी। अब तक सैकड़ों रुपयों का ख़ून हो चुका है। अब अस्पताल में हर मुमकिन कोशिश हो रही है पर मर्ज़ जहाँ था, वहीं है। और मज़ीद कुरेन होने से ज़ेहन को ज़्यादा परेशान करनेवाली बातें निकल आई हैं। बहरहाल इलाज तो हो ही रहा है।

लो मैं ख़त ही लिख रही थी कि जादू उस्मान के साथ आ गया और मेरे आँसुओं को देखकर भौचक्का सा रह गया है। अब वो मेरे पास ही बैठा है और तुम्हें ख़त लिखने का इरादा कर रहा है, तुम जादू को कुछ किताबें ज़रूर भेज दो। उर्दू पढ़ने का शौक़ उसे हद से ज़्यादा हो गया है। चुनांचे ये ख़त भी तेज़ी से पढ़ने लगा और अब मैंने उसे धक्का देकर कुर्सी पर बिठा दिया है। इसे किताबें ज़रूर भेजो और लिखो कि तुम्हें पैसे मिले या नहीं। न मिले हों तो परेशान न होना अख़्तर!

तुम्हारी अपनी

सफ़्फ़ो

भोपाल

10 अगस्त, 1951

अख़्तर मेरे!

लखनऊ से आठ की सुब्ह रवाना होकर कोई ग्यारह बजे रात को यहाँ पहुँची। हस्बे-दस्तूर[1] बारिश हो रही थी। बहरहाल इस मर्तबा पल्ला ख़ासा भारी था इसलिए ज़्यादा वहशत न हुई। जादू और मुमानी भी साथ हैं। संगर मकान ख़ाली कर गए। अब इस फ़्लैट में डॉक्टर जैन आ गए हैं। अच्छा ही है, तन्हा आदमी, न झगड़ा न फ़साद।

कल कालिज ज्वाइन कर ही लिया गो कि मुझे मालूम न था कि इलनेस रिपोर्ट भी लानी है वर्ना ज्वाइन करने की इजाज़त नहीं मिलती। उसके लिए आज लिख रही हूँ। मौसम यहाँ का बहुत ख़ुनक[2] और सहरआगीं[3] बना हुआ है, जादू इस मर्तबा खिलाफ़े-तवक़्क़ो[4] बहुत ख़ुश है। दिन-भर सारे रिसाले निकाल-निकालकर पढ़ता रहा। अब बस उसे पढ़ने का जुनून सा हो गया है रात के ग्यारह बजे तक मुताला[5] निहायत ज़रूरी है वर्ना नींद नहीं आती। सच है 'बाप पर पूत'।

---

1. दस्तूर के अनुसार, 2. ठंडा, 3. जादुई, 4. उम्मीद के विपरीत, 5. अध्ययन।

कल नफ़ीस का एक ख़त मिला। कोई साहब पाकिस्तान से आए थे। उनके हमराह चन्द तोहफ़े मुझे और बच्चों को भेजे हैं। आज उसे भी ख़त लिखूँगी।

तुम अपने मुफ़स्स्लि[1] हालात मुझे लिखो। अपनी सेहत की तरफ़ से तुम हमेशा हद से ज़्यादा ग़ैरमुतवज्जह[2] रहते हो। अब मेरी गिरती हुई हालत देखकर तुमको बाहोश होना चाहिए। न मालूम अख़्तर, तुम बग़ैर ज़िन्दगी कैसी संजीदा, ख़ुश और खुरदरी बन जाती है। मैं अपने को तुम्हारे बग़ैर किसी तरह ताज़गी और मसर्रत[3] नहीं दे सकती। अच्छा ज़्यादा प्यार।

तुम्हारी अपनी

सफ़्फ़ो

1. विस्तार से, 2. लापरवाह, 3. आनन्द।

भोपाल
14 सितम्बर, 1951

अख़्तर मेरे!

आज कई दिन से फिर मैंने तुमको ख़त नहीं लिखा। तुम्हारी ताकीदों[1] के बावजूद मुझे अपनी कोताह क़लमी[2] पर ख़ुद कोफ़्त[3] होती है। जितनी देर ख़त नहीं लिखती तुम्हें पहले से कहीं ज़्यादा याद करती हूँ।

कल बक़रईद थी। बच्चों को कपड़े पहनाकर डॉक्टर सुलतान साहब के हमराह मस्जिद भेज दिया था। मैंने कल का पूरा दिन पलंग पर लेटकर काट दिया। पूरी दोपहर बच्चों से छुपकर आँसू बहाती रही।

जादू और उवैस तुम्हारी एक-एक अदा याद करके ख़ुश होते रहते हैं मोटर की ख़बर सुनकर उवैस फूले न समाए और जादू की वैनिटी को इस दर्जा सदमा पहुँचा कि फ़ौरन रो पड़े। मिसराबाज़ी[4] भी जारी रहती है। परसों रात उवैस बिस्तर पर उधम कर रहा था और किसी तरह न सोता था। मैंने आजिज़[5] होकर तख़्त पर बैठे-बैठे कहा, 'सो जाओ मेरे प्यारे' और जादू साहब मसहरी पर लेटे हुए थे वहाँ से बरजस्ता[6] बोले, 'क्या ठाठ हैं तुम्हारे'। जादू अगर शायरी के चक्कर में पड़ गया जिसका पूरा इम्कान[7] है तो फिर जा

---

1. निर्देश, 2. क़लम चलाने में कमी, 3. रोष, 4. कविता की पंक्तियों की तुकबन्दी 5. परेशान, 6. अनायास, 7. सम्भावना।

लो कि अपनी सात पुश्तें न पनप सकेंगी, सिवा इसके कि सुर्ख़ इन्क़लाब ही तबाही से बचा ले।

और यहाँ के हालात मुझे कुछ भी नहीं मालूम हो पाते। 'सुब्हो-शाम ही न हुई' वाली कैफ़ियत[1] तारी[2] रहती है। कल गुरुजी और शहाब ईद-मुबारक कहने आए थे। ए.एन. गुप्ता आजकल अस्पताल में पड़े हैं। उनकी टाँग का फ्रेक्चर हो गया है। तुमने शायरी से ऐसा सौतेला रिश्ता क्यों पैदा कर लिया है। कुछ तो कहो अंजुमन की मीटिंग में मुस्तक़िल शिरकत करते हो या नहीं? एहसान की बिज़नेस कैसी चल रही है। उवैस की खिस्सत[3] अब और ज़्यादा तरक़्क़ी कर गई होगी। दोनों को मेरी दुआ कहना, ख़लील साहब को आदाब।

आज अगर सकत[4] रह गई तो ज़ोय अंसारी को भी ख़त लिख डालूँगी। अच्छा, हज़ारों दुआओं के साथ।

तुम्हारी अपनी
सफ़िया

---

1. स्थिति, 2. छाई, 3. कंजूसी, 4. शक्ति।

लखनऊ

26 अक्तूबर, 1951

अख़्तर जाने अज़ीज़!

आज की डाक से भी तुम्हारा कोई ख़त नहीं आया। न जाने दिल कितनी बुरी तरह मसोसता है। ख़ुदा करे तुम अच्छे हो।

मैं डॉक्टर टी. बहादुर की दवा पी रही हूँ और उनकी हिदायत के मुताबिक़ मालिश का सिलसिला भी जारी है। बस तेल में तर रहती हूँ, लेकिन खाल के कसाव में फ़र्क़ नहीं आता। पूरा जिस्म दिन-ब-दिन सख़्त होता जा रहा है। सेल्फ़िया डर्मिस कहते हैं इस बीमारी को। ख़ैर।

मेरा दिल रह-रहकर यही कहता है कि तुम मेरे बम्बई न आने से नाराज़ हो। लेकिन अख़्तर कभी मैंने तुम्हारे लिए कोई कमी की है जो आज ऐसा मुमकिन होता? मेरी मजबूरी और बेकसी का यक़ीन करो और इस एतमाद[1] को न मिटाओ जो हमारे आठ साल के साथ की पैदावार है। तुम मुझ पर एतमाद पैदा करो दोस्त। मैं तुमसे बाहर कभी न हो सकूँगी। मेरा हर क़दम तुम्हारे लिए ही आगे बढ़ता है लेकिन मेरा हौसला तुम्हारी बरहमी[2] से पस्त[3]

---

1. विश्वास, 2. नाराज़गी, 3. हारने।

होने लगता है। मुझे किसी तरह इस बीमारी के चक्कर से निकाल ले जाओ अख़्तर! मैं इसके लिए किसी की मिन्नतकश[1] होना नहीं चाहती। आओ सब कुछ भूलकर मुझे अपने सीने से लगाओ।

तुम्हारी
सफ़िया

---

1. याचक।

भोपाल
8 नवम्बर, 1951

मेरे मालिक!

क्यों ख़ामोश हो? तुम्हारा जी कैसा है?

मेरा दम इन्तिज़ार से घुट चला है। ऐसी तवील[1] जुदाइयाँ भी बर्दाश्त करनी पड़ती हैं। हर सुब्ह इस तवक़्क़ोअ[2] में आँख खुलती है कि शायद तुम आ ही जाओगे। फिर दिन वैसा ही उदास और सपाट गुज़र जाता है और शाम से ये धड़कन शुरू हो जाती है कि ज़रूर तुम्हारी तबीयत अब तक ठीक नहीं है।

ख़त फ़ौरन लिखो और जिस तरह बन पड़े, चले आओ। मैं जी उठूँगी। तुम्हारे बच्चे जी उठेंगे। मेरी ज़िन्दगी! मेरी जान!

मेरा प्यार लो।

तुम्हारी
सफ़िया

---

1. लम्बी, 2. उम्मीद।

भोपाल

27 दिसम्बर, 1951

अख़्तर मेरे!

ख़त मिला। इस तरफ़ मेरे ख़त मुस्तक़िल तुम्हें देर से मिल रहे हैं। मगर क्या करूँ कि आए दिन नई परेशानियों का सामान है।

इधर जादू के लिए कोट का कपड़ा ख़रीद डाला है। मन्नूचा के हमराह[1] कोट सिलवाने शहर गए। वापसी में जो तेज़ बुख़ार चढ़ा तो चार दिन इसी चक्कर में गुज़रे। मैं तो समझी कि क़तई रीलैप्स हो गया है। डॉक्टर सुलतान साहब की मदद शामिले-हाल रहती है। बस यूँ ही दिन-रात गुज़रते हैं।

तुम्हारे ख़त से पता चला कि जिगर की तक्लीफ़ तुम्हारी फिर ताज़ा हो गई है। 'रगो-पै में जब उतरे ज़हरे-ग़म तब देखिए क्या हो' वाली बात है अख़्तर! इस तक्लीफ़ का सबब तो तुमको ख़ुद मालूम है। भला हो उस 'ज़ंजीरी' का मुझे इसी तरह के खद्शे[2] थे उससे। अब तुम मेरी इल्तजा[3] की ख़ातिर इस सिलसिले को बन्द करो और केले और सन्तरे का इस्तेमाल करो, ये मुफ़ीद[4] हैं।

---

1. साथ, 2. शंकाएँ, 3. प्रार्थना, 4. फ़ायदेमन्द।

अब कालिज छह दिन के लिए बन्द है। दिन-भर बच्चे हैं, घर है और मैं हूँ। परसों अख़्तर हमारी शादी की आठवीं सालगिरह थी। तुम होते तो मैं क्या कुछ जश्न न मनाती। लेकिन तुम आज के दिन भी मुझसे दूर हो। हाँ, जनवरी में तुम्हारे आने का आसरा है।

कल दिन-भर सलाई से दिन बहलाती रही। गो कि हाथों से ठीक काम नहीं हो सकता, फिर भी ज़ेहन तो मशग़ूल[1] रहता है। फिर तुम्हारे आने का ख़्याल जो है। 'दिल में है ख़ुशसलीक़गी बेदार' गावतकिए का ग़िलाफ़, टी कोज़ी का कवर, तख़्त की चादर सभी चीज़ें ज़रूरी मालूम होने लगी हैं अख़्तर—तुम ये दिन सुकून से गुज़ारकर फ़िल्मिस्तान के उलझेड़ों से फ़ारिग़[2] होकर मेरे पास आ जाओ। मैं तुम्हें बहुत सा आराम दूँगी।

हाँ, एक फर्माइश जो फ़िलहाल बेमौक़ा ज़रूर है लेकिन 'दुनिया उम्मीद पर क़ायम है' के तहत कर रही हूँ, आते हुए याद रखना, एक चाय का सैट व्हाइट मैटल कराफोर्ड मार्कीट से ज़रूर ख़रीदते लाना और आठ-दस चीनी की प्यालियाँ और चमचे। बस एक पचास रुपए का सरफ़ा[3] समझो। हाँ सैट पायदार[4] ज़्यादा हो और नफ़ासतज़दा[5] कम। ग़ुस्सा मत करना अख़्तर कि यहाँ तो पैसे-पैसे की दिक़्क़त हो रही है और बेगम साहिबा इस क़दर ऊँचे से बोल रही है। दोस्त ये बीवी की ज़िहालत-भरी फर्माइश नहीं है। दोस्ती की बातें हैं। तुम आते हो तो घर की फ़ज़ा जाग जाती है। तुम्हारे दोस्त-अहबाब[6] को बुरे बर्तनों में चाय पिलानी बुरी लगती है। ख़ैर।

जावेद, उवैस ने सुन लिया है कि तुम आने का इरादा रखते हो। बस फिर क्या है। फूले नहीं समाते। 'हमारे अब्बी आने ही वाले हैं', 'उनको आना ही पड़ेगा', 'वो तो आ ही रहे होंगे'—दिन-भर तुम्हारे आने का ऐलान करते रहते हैं। कल जादू कह रहा था कि 'अम्मी घबराओ नहीं अगर अब्बी नहीं आएँगे, तो मैं ख़ुद उन्हें जाकर लाऊँगा।' उनकी ऐसी मासूम और भोली बातों से मेरा कलेजा कटने लगता है।

अपना हाल क्या लिखूँ, 'तेरे आने का तसव्वुर, तेरे ख़त का इन्तिज़ार' अपने सारे हालात लिखो।

---

1. व्यस्त, 2. मुक्त, 3. ख़र्च, 4. मज़बूत, 5. सफ़ाईवाला, 6. मित्रों-परिचितों।

अपनी तन्दुरुस्ती की तरफ़ से मज़ीद[1] ग़फ़लत[2] की गुंज़ाइश न समझो। परहेज़ ज़रूर रखो और फल मेरी फ़र्माइश से खाओ। अच्छा।

तुम्हारी ही
सफ़्फ़ो

1. और अधिक, 2. लापरवाही।

भोपाल
18 जनवरी, 1952

अख़्तर मेरे!

आज तुम्हारे ख़त का शदीद इन्तिज़ार है। तुम्हारी तबीयत ठीक न होने से फ़िक्र ज़्यादा बढ़ी हुई है। ख़ुदा करे अब तुमको कुछ सुकून हो। तुम अपनी ख़ैरियत की इत्तिला[1] में ताख़ीर[2] न किया करो। मेरे लिए इस हालत में तुम्हारे ख़त टॉनिक का काम करते हैं।

कल जादू की सालगिरह थी। मैंने सिर्फ़ दो गुलाब जामुन मँगाकर एक जादू के मुँह में रख दी और दूसरी उवैस के मुँह में। और जादू को उनकी पैदाइश की तफ़्सीलात[3] सुनाकर ख़ुश कर दिया। दिन-भर अम्मी-अम्मी। किस क़दर वाबस्तगी[4] और कितना क़ुर्ब[5]। हाँ, कभी जादू भी जवान होकर मुझसे छूट जाएगा और फिर हम-तुम दोनों अपने बुढ़ापे के रुपहले दिन एक-दूसरे ही के सहारे से गुज़ार सकेंगे।

घबराओ मत साथी। बददिल मत हो। अच्छे दिन आकर रहेंगे।

तुम्हारी चाहनेवाली
सफ़िया

---

1. सूचना, 2. देरी, 3. विवरण, 4. अपनापन, 5. समीपता।

भोपाल

8 मार्च, 1952

अख़्तर मेरे!

आज सातवाँ दिन हो गया तुमसे जुदा हुए। मैंने तुमको ख़त भी नहीं लिखा। बस उसी दिन से जो मतली का सिलसिला लेकर पड़ी हूँ तो सिर उठाने की मुहलत[1] न थी। बहरकैफ़!

अक्सर तुम्हारी याद भी ग़म में तहलील[2] होने लगती है। मैं तुम्हारे सुख और तुम मेरे सुख से महरूम हो दोस्त! तुम्हारे बच्चे मुझे ज़िन्दा रख रहे हैं। वर्ना मेरा कोई ठिकाना न था।

कल कैम्ब्रिज में कोई नुमाइश वग़ैरह थी। जादू को बच्चों के मुशायरे में शामिल किया गया था। सेकंड प्राइज़ मिला है। न पूछो किस दर्जा नाज़ाँ[3] है वो। ख़ुतूत में कमी न करो। मैं तो कभी-कभी इसलिए नहीं लिखती कि परेशानी से तुमको बचा लेना चाहती हूँ। तुम अपने हालात तो लिखते रहा करो। तुम्हारे जाते ही घर पर उदासी मुसल्लत[4] हो गई। कोई झाँककर भी देखनेवाला नहीं

---

1. छूट, 2. घुलने, 3. गर्वित, 4. छा जाना।

और सच तो ये है कि 'तेरा ख़्याल है, तेरा जमाल है, तू है' इसके आगे मुझे किसी बात की फ़ुर्सत भी तो नहीं है। आओ, मेरा सर अपने शाने पर टिक जाने दो। मेरा हर ग़म भूल जाता है इस तरह।

तुम्हारी और सिर्फ़ तुम्हारी
सफ़्फ़ो

लखनऊ

2 मई, 1952

अच्छे अख़्तर!

मैं परसों लखनऊ पहुँची। तन्हा सफ़र होने की वजह से तकलीफ़ का खद्शा[1] था। लेकिन शुक्र है कि कोई परेशानी पेश नहीं आई। यहाँ आकर महसूस किया कि क़तई दीवाला निकल गया है। कल सुब्ह ही टेलीफ़ोन करके डॉक्टर टी. बहादुर से वक़्त लिया और उन्हें बुलाकर दिखाया। उनका मैडिकलवालों की तश्ख़ीस[2] से इत्तेफ़ाक़ है और उनका कहना है कि दिमाग़ी कोफ़्त[3] और परेशानियों के असर से आसाब[4] सख़्त पड़ गए हैं और उन्हें रीलैक्स होने की ज़रूरत है। दवाएँ तज्वीज़[5] कर गए हैं जिनका इस्तेमाल शुरू करूँगी।

अख़्तर, अब तुम जिस तरह बन पड़े मेरे पास आ जाओ। कमाई और पैसों के चक्कर में न पड़ो। जितना कुछ मिलना होगा, हर हाल में मिल ही जाएगा। तुम्हें भी बींदहम[6] महसूस होगा और मेरी दुनिया तो बदल ही जाएगी। मेरे लिए तुम्हारे साथ होने से बड़ी कोई मसर्रत[7] नहीं है। मैं तन्दुरुस्त

---

1. शंका, 2. निदान, 3. मानसिक कष्ट, 4. अंग, 5. सुझाव, 6. बदलाव, 7. सन्तोष।

होने की ख़्वाहिश अगर रखती हूँ तो वो भी तुम्हारी ही ख़ातिर वर्ना तुम्हारे बग़ैर ज़िन्दगी की हर लज़्ज़त बे रू[1] बेमानी[2] है।

तुम अब इत्तिला दिए बग़ैर चल पड़ो। मैं चश्मेबराह[3] हूँ। हजारों तमन्नाएँ!

तुम्हारी
सफ़्फ़ो

---
1. अकारण, 2. निरर्थक, 3. प्रतीक्षारत।

लखनऊ
30 मई, 1952

अख़्तर मेरी जान!

मैं तुम्हें इस तरफ़ ख़त न लिख सकी और तुम्हारा ख़त आए हुए तो आज दस-बारह दिन हो गए। ज़ेहन बार-बार यही कहता है कि या तो तुम्हारी तबीयत ख़राब है या फिर किसी चक्कर में मुब्तला[1] हो। ख़ुदा रहम करे। ये तो सोच नहीं सकती कि तग़ाफुल[2] से काम ले रहे हो, जब तुम जानते हो कि दिमाग़ी परेशानियों के साथ मुझे दवा रास आ सकती है, न ग़िज़ा।

अख़्तर! अब तो तुम्हारा इन्तिज़ार भी कमज़ोर पड़ता जा रहा है—कैसे हो? दोस्त कुछ लिखो। आजकल सुलेमान की तबीयत भी कुछ ठीक नहीं है।

ज़्यादा प्यार लो।

तुम्हारी
सफ़्फ़ो

---

1. फँसे हुए, 2. लापरवाही / उपेक्षा।

लखनऊ

6 जून, 1952

अच्छे अख़्तर!

बहुत से प्यार। कई दिन से तुम्हारा ख़त नहीं आया। इस तरह से फ़िक्र बढ़ जाती है। मैं हकीम की दवा बराबर पी रही हूँ। गर्मी चैन नहीं लेने देती। वर्ना शायद कोई इफ़ाक़ा[1] नज़र आता। रहा बिल्कुल तन्दुरुस्त होने का सवाल तो उसके लिए डेढ़ साल से जद्दोजहद[2] कर रही हूँ। और अगर तुम्हारी मुहब्बत मेरे साथ रही तो फ़िलहाल मायूस होने का इरादा भी नहीं है।

रूमानी नज़्मों पर वाक़ई अगर मुझसे लिखवाओगे तो मज्मूआ[3] साथ लेते आना। अलबत्ता छपने की बात पूरी कोशिश से इस मर्तबा पक्की ही कर लो। ख़्वाह पैसे मिलें या न मिलें, मगर काम हो ही जाना चाहिए।

तुमने 'इंडिया टुडे' की ख़रीदारी के लिए लिखा था। सच जानो कि वो रिसाला आने के दूसरे दिन ही ग़ायब हो गया। अब तुम पता मुझे लिखो तो फ़ौरन ख़त लिख डालूँ।

---

1. स्वास्थ्य-लाभ, 2. संघर्ष, 3. संकलन।

सबसे अहम और ज़रूरी बात ये है कि तुम आ जाओ और अब मुझसे बहुत ज़्यादा तक़ाज़ा न कराओ वर्ना सच जानो, 'हम भी तस्लीम की ख़ू डालेंगे।'[1] सुहैल साहब ने तुम्हारी नज़्म या ग़ज़ल के लिए लिखा है। लिखो कब आ रहे हो? सारे प्यार आने पर मुल्तवी[2]।

तुम्हारी

सफ़्फ़ो

---

1. यानी स्वीकृति की आदत डालेंगे, 2. स्थगित।

लखनऊ
16 जुलाई, 1952

अख़्तर मेरे!

ख़ुदा करे तुम बआफ़ियत[1] हो। हस्बे-अन्देशा[2] तुमने रुख़सत होते ही ख़ैरियत को तरसा दिया। आज बुद्ध है। हर दिन इसी इन्तिज़ार में कटता रहा कि अब तो तुम्हारा ख़त ज़रूर आता ही होगा। तुम जिस हालत से गए थे, उससे ये भी डर होना है कि फिर बीमार तो नहीं हो गए। ग़रज़ कि :

'मैं हूँ और राज़ हाए सीना गुदाज़'[3]

आसाब[4] की सनसनाहट और ख़मोशी बा'ज़ वक़्त नाक़ाबिले बर्दाश्त सी बन जाती है। हर चीज़ क़रीब सी मालूम होने लगती है। बहरहाल तुम न घबराओ। जानते हो कि ख़ासी बहादुर हूँ। अलबत्ता अपनी ख़ैरियत से महरूम न करो, फ़ौरन ख़त लिखो।

मेरी तबीयत ठीक ही समझो। बच्चे अपनी मसरूफ़ियतों[5] में गुम हैं। और मैं तुम्हारी याद से भरपूर।

हज़ारों प्यार।

तुम्हारी
सफ़िया

---

1. सकुशल, 2. चिन्ता अनुसार, 3. भाव यह है कि दिल को पिघला देनेवाले रहस्यों ने घेर रखा है, 4. अंगों, 5. व्यस्तताओं।

लखनऊ

27 सितम्बर, 1952

अच्छे अख़्तर!

ख़त मिला। ख़ुदा करे तुम ख़ुश रहो। मेरा हाल तुम क्या सुनोगे? इतवार को अब्बा हकीम साहब को ले आएगी। पीर से मुस्हिल[1] का सिलसिला शुरू हो गया है। निहायत मुफ़स्सल[2] क़िस्म का क़द्ह[3] पीकर दिन-भर आलमे सुक़रात में मुब्तला रहती हूँ। शाम को आबे अनार शीरीं[4] और शुल्लए-मूँग[5] पर बसर औक़ात[6] है। आज वक़्फ़े[7] का दिन है। कल तीसरा मुस्हिल[8] होगा। अंजाम ख़ुदा जाने।

मनीऑर्डर असरार भाई का पहुँच गया। अलबत्ता उन लोगों ने अथॉरिटी माँगी है। वो तुमको भेजी जा चुकी है। भोपाल से अभी तक पिछली छुट्टियों ही की मंज़ूरी नहीं आई। किसी को खटखटा सको तो शायद कुछ पैसे ही वसूल हो जाएँ।

ख़लीक़ ग़ालिबन अब तक यहीं सहरानवर्दी[9] कर रहे हैं। कल

1. एनीमा / विरेचन, 2. विस्तृत, 3. मधुपात्र, 4. मीठे अनार का रस, 5. मूँग की खिचली, 6. गुज़ारा, 7. अन्तराल, 8. एनीमा, 9. आवारागर्दी।

मियाँ झबाई टोला हकीम साहब से हाल कहने गए थे। उस वक़्त उनका हाल दर्याफ़्त[1] कराया था। और क्या लिखूँ साथी, ज़िन्दगी की हर लतीफ़ शै[2] तुमसे वाबस्ता है। तुम दूर हो, आओ हम एक-दूसरे को प्यार कर लें।

तुम्हारी
सफ़्फ़ो

---

1. पूछना, 2. आनन्ददायी वस्तु

लखनऊ
24 अक्तूबर, 1952

अज़ीज़ अख़्तर!

आख़िर भई ये ख़ामोशी क्यों? तुम्हारा ये तग़ाफ़ुल[1] मुझे कल का मारता आज ही मार डालेगा। मेरे ख़त तुम्हें जल्दी-जल्दी नहीं मिलते तो तुम रूठ जाते हो लेकिन मेरी जान तुम मेरी हालत तो आकर देखो। मेरा सारा जिस्म अकड़कर रह गया है। उँगलियों का ये हाल है कि क़लम नहीं पकड़ा जाता। न जाने कैसे हिम्मत करके चन्द सतरें लिख लेती हूँ। तुम मेरी तहरीर से अन्दाज़ा लगा सकते हो। अख़्तर, अब तुम्हें हमीदा से अपनी ख़ैरियत का ख़त लिखवा दिया करूँगी, लेकिन तुम ख़त लिखने की तरफ़ से ग़फ़लत[2] न बरतो। तुम इस तज्वीज़[3] से नाराज़ न होना दोस्त, मजबूरी है। फिर भी मैं कभी-कभी तुम्हें ख़ुद भी लिखते रहने की कोशिश करूँगी। दिल की बातें तो दूसरों से नहीं लिखवाई जा सकतीं।

मेरा हाल बहुत बुरा है। सुब्ह 99 और शाम एक सौ दो से बुख़ार किसी हाल में कम नहीं होता। हकीम साहब का इलाज सिरे से उलटा पड़ गया है।

आओ, मेरे प्यार लो। तुम मेरा साथ न छोड़ना साथी, ख़त लिखो!

तुम्हारी
सफ़िया

---

1. उपेक्षा, 2. लापरवाही, 3. उपाय।

लखनऊ
3 नवम्बर, 1952

अज़ीज़ अख़्तर!

ख़त मिले और पैसे भी। मैं तुम्हें इस तरफ़ नहीं लिख सकी। हमीदा के ख़ुतूत से तुम्हें मेरा मुफ़स्सिल[1] हाल मालूम होता रहा होगा। मेरी हालत गुज़श्ता[2] माह में मुस्हिल[3] की वजह से सख़्त पलटा खा गई थी। अब भी बिस्तर पर पड़ी रहती हूँ, मुँह-हाथ तक धोने की हालत नहीं है।

तुमने बम्बई बुलाया है लेकिन मेरी हालत सफ़र की नहीं है। रास्ते में ख़लीक इब्राहीम मुझे लाद-लादकर कैसे उठाएगा? और फिर वो तो ऐसा लापरवाह कि एक दिन धन्धा करके दो महीने ग़ायब रहता है। अब्बा तीन-चार रोज़ हुए उसके पास गए थे। बोला कि सात-आठ तक पहुँच जाऊँगा। गो कि उम्मीद कम ही है।

तुम आ सको तो आ जाओ। मैं चारपाई से लग गई हूँ। तबाही की तक्मील[4] हकीम सईद के हाथों होनी थी। क्या किया जाए! 'जवाहर मुहरे' से इफ़ाक़ा[5] ज़रूर है मगर बहुत सुस्त रफ्तारी के साथ। दरअसल इलाज से ज़्यादा तीमारदारी[6] ज़रूरी हो गई है।

---

1. विस्तृत, 2. पिछले, 3. एनीमा, 4. पूर्णता, 5. स्वास्थ्य-लाभ, 6. मरीज़ की देखभाल।

ठेकेदार को एक पैसा भी नहीं जा सका है—तुम एडवानी से कुछ थोड़े से पैसे और वसूल करके उसे भेज दो। ज़रूरत के वक़्त ही पैसे न मिले तो किसके।

प्रकाश का ख़त आया है। उसने लिखा है कि 'मजाज़ फंड' की अपील शाया[1] करने की इजाज़त उसने तुमसे कलकत्ता में हासिल कर ली थी। दिलचस्प बात है। मैंने ख़त लिखवा दिया है कि मुझे अख़्तर की ग़य्यूर[2] तबीयत पर इस दर्जा एतमाद[3] है कि यक़ीन नहीं आता कि उन्होंने मजाज़ के जुनून और बेज़री[4] का ढिंढोरा रिसाले के ज़रिए पीटकर पढ़नेवालों से दो-दो, चार-चार रुपयों का चन्दा वसूल करने का मशविरा दिया हो।

अख़्तर! तुम जानते हो, असरार भाई को अस्पताल गए आठ महीने के लगभग हो गए हैं। एक-डेढ़ महीने के अन्दर वो अस्पताल से डिस्चार्ज होनेवाले हैं। अब इस एक महीने के लिए दूसरों के आगे हाथ फैलाने से क्या हासिल। 'शाहराह' वाले अपने सर सेहरा बाँधना चाहते हैं। लेकिन 'मजाज़-फंड' का हश्र[5] तो सुनो कि मजाज़ के नाम पर यहाँ पिछले महीने सिर्फ़ सवा सत्रह रुपए जमा हो सके। इससे उर्दूवालों की अदब-दोस्ती[6] का भी अन्दाज़ा कर लो।

अख़्तर ख़त लिखो। थक मत जाओ। मुझे तुम्हारी मदद की ज़रूरत है। हर तरह तुम्हीं मुझे सँभाल सकते हो। मुझे देखो, मैं आज मरकर भी मायूस नहीं हूँ। बहुत से प्यार।

तुम्हारी अपनी
सफ़्फ़ो

---

1. प्रकाशित, 2. स्वाभिमानी, 3. विश्वास, 4. ग़रीबी, 5. अंजाम, 6. साहित्य-प्रेम।

लखनऊ
23 दिसम्बर, 1952

अख़्तर अज़ीज़!

दिसम्बर का महीना तुम्हारे इन्तिज़ार ही में बीत गया। तो क्या अब जनवरी में आने का क़स्द[1] कर रहे हो। मेरे बहुत प्यारे दोस्त! मैं जानती हूँ कि तुम मेरी ही ज़रूरतों की ख़ातिर वहाँ परेशान हो रहे हो। लेकिन एक बार मुझे अपनी सूरत तो दिखा जाओ। जनवरी में ज़रूर ही आ जाओ। इससे ज़्यादा मुझमें इन्तिज़ार की सकत[2] नहीं साथी।

दो दिन बाद हमारी शादी की नवीं सालगिरह होनेवाली है। अख़्तर, मुझे तुम्हारे प्यार का तोहफ़ा दरकार[3] है। क्या तुम मेरी आशा पूरी न करोगे। अच्छा प्यार लो। बच्चों के भी प्यार।

तुम्हारी दीदार की प्यासी
सफ़िया

---

1. इरादा, 2. शक्ति, 3. वांछित।

लखनऊ
29 दिसम्बर, 1952

अज़ीज़ अख़्तर मेरी जान!

नज़्म मिली! तुम्हारा बहुत प्यारा तोहफ़ा! सच जानो मेरे आँसू ही तो छलक पड़े। आज मैं कितनी माज़ूर[1] हूँ और नाज़ाँ[2]। मुझे तुम्हारी मुहब्बत, मुलायमत, दोस्ती, शफ़क़त, खुलूस और एतमाद[3] सब कुछ तो हासिल रहा है। आज तो मुझे ऐसा महसूस हुआ कि मैंने तुम्हारी शायरी को भी जीत लिया है। अब मुझे और क्या चाहिए है।

अख़्तर आओ, तुम मुझे मरने न दो। मैं मरना नहीं चाहती। अलबत्ता मैं थक बहुत गई हूँ साथी! आओ मैं तुम्हारे ज़ानों पर सर रखकर एक तवील[4] नींद ले लूँ। फिर तुम्हारा साथ देने के लिए मैं ज़रूर ही उठ खड़ी हूँगी।

मेरे बेशुमार प्यार तुम पर निछावर हैं।

तुम्हारी अपनी
सफ़िया

---

1. लाचार, 2. गौरवान्वित, 3. विश्वास, 4. लम्बी।

✪✪✪